汉 语 知 识 丛 书

训 诂 学

许威汉

创于1897
商務印書館
The Commercial Press

图书在版编目(CIP)数据

训诂学/许威汉著．—北京：商务印书馆，2014(2023.5 重印)
(汉语知识丛书)
ISBN 978-7-100-10640-5

Ⅰ.①训… Ⅱ.①许… Ⅲ.①训诂—研究
Ⅳ.①H13

中国版本图书馆 CIP 数据核字(2014)第 181330 号

汉语知识丛书

XÙNGǓXUÉ

训 诂 学

许威汉

商 务 印 书 馆 出 版
(北京王府井大街36号 邮政编码100710)
商 务 印 书 馆 发 行
北京虎彩文化传播有限公司印刷
ISBN 978-7-100-10640-5

2014 年 9 月第 1 版 开本 787×1092 1/32
2023 年 5 月北京第 4 次印刷 印张 6¾

定价：42.00 元

目　　录

第一章　导论

1.1　几点说明

1.1.1　章太炎先生的老师俞樾博通宏肆，学贯古今，揭古书疑义数百，归为88类例，成《古书疑义举例》一书嘉惠学林。梁启超称之为“模范名著”，刘师培叹“发古今未有之奇”，马叙伦誉“发蒙百代，梯梁来学，固悬之日月而不刊者也”。恩师唐文治晚清进士，位至尚书，退而办学，讲课时面谕俞氏之书必读；恩师王蘧常，师事康有为、梁启超并唐文治，学养深厚，尤推崇俞氏力作。名师教诲不敢忘。由是施用于语文教学与研究，得益甚多。俞著于训诂既具综合性，又富启发性，把传统训诂学提高到了新的水平，有其历史价值和现代价值。为广为传世，嘉惠后学，作者与金甲先生特撰《俞樾〈古书疑义举例〉评注》出版就教通人。当此撰写本书《训诂学》之际，我还记取了罗常培“应用俞樾古书疑义举例之法”（罗著《汉魏六朝专家文研究》4页，独立出版社，1945年）、“对于语义的研究不应该再墨守传统的训诂学的方法”（罗著《语言与文化》注释本114页，北京大学出版社，2009年），致力梳理素材，据实取舍，科学例说，浸透新成就，在传、注、笺、疏等宏厚的基础上开掘弘扬，力求达成一切涉及古文献的研究都要以训诂学作为工具(邢公畹)。

1.1.2 中华人民共和国成立之初,高校没有开设训诂学这门课。20 世纪 80 年代初,为应教研之需,作者手抄训诂学资料百余万字。中华书局赵诚先生偕同杨伯峻先生临舍间访谈,笔者即向初次见面的杨先生建议重印齐佩瑢《训诂学概论》。该书认为"训诂学也可以叫做'古语义学'",是现有概论性质的训诂书中较好的一种,何九盈认为"历经半个多世纪的考验,仍能居于同类著作中的领先地位",郭在贻认为"这类著作以齐氏《概论》质量最高"。事实验证,笔者在上海师范大学、青海师范大学、上海中医学院等多所高校讲训诂学,参酌齐著的思路、方法和取向,多有获益,为多方隽秀首肯。同时撰写出版的《训诂学导论》、《训诂学读本》、《训诂学教程》等,进一步汲取多年教研经验教训,深感传统训诂学不能拘守旧习,陈陈相因,要科学地继承弘扬,多角度多渠道展示。"博是专的先决条件,史是论的基本保证",本《训诂学》的撰写,不拘泥于毛传、郑笺等书,而广泛涉足探究,学术性内容简易出之。

1.1.3 古书中的虚词,传统训诂学是不多过问的。如《孟子·梁惠王上》赵岐注"曰,辞也";《诗经·邶风·柏舟》毛传"无,亦语词也";《论语·公冶长》朱熹注"斯,语辞"。这里"辞""语辞"都是指虚词,可是没有说解其功用。虚词在行文中"起关键脉络的作用",王引之有鉴于此,作《经传释词》,其序中指出虚词之释"肇于《尔雅》"。杨树达治经有年,《词诠·自序》说古汉语虚词要"明其义训"。王力认为对古代汉语"虚词可以作为词汇的问题来解决"。吕叔湘、叶圣陶编的《文言读本》,十分重视虚词之释,并附以参考资料。根据上述卓识,结合现实情况，本书第六章特作“虚字综述”“虚字诠要”的阐述。从王引之的《经传释词》、杨树达的《词诠》，再到王力、吕叔湘等的诸多创见，本书多加效法推究。

1.1.4 王力在《训诂通讯》第4期强调“训诂学要向词汇学方面发展”，笔者完全认同。训诂学如何全面具体发展，学界未必都心中有数，几乎停步在“古语义学”的概念思考，未见显著新展示。事实上，这不是学人不作为，而是训诂学的学科自身的复杂性所使然。个人以为，训诂学从文献脱胎而来，却没有经过充分的逻辑检验，尚不具有明确的学科性质。有如邢公畹的见解：“训诂学很像词汇学，但它的着眼点并不在于语言的词汇及其意义的研究；也很像词汇史，但它没有断代分区的概念；又像语义学，但它也不在‘意义’方面作抽象的、具体的研究”（《天津师专学报》1981年第1期）。鉴于训诂学的特性，向词汇学方面发展，任重道远；重视学科的方法论，迫在眉睫。否则，“材料虽多，亦奚以为！”（季羡林《印度语言研究》）作者另有《语文学科的方法论》（收入《许威汉语文研究文存》，中华书局，2008年）一文，从总体上已道其详，本书不赘述。

1.1.5 传统训诂学有其自身独特的性质，历来治训诂学者又是陈陈相因，说解烦琐而不中其要，一开头解释什么是“训诂”，竟列20来种说法，其他说解也未入科学轨道，这给训诂学蒙上面纱，读者往往有“神秘感”，视为“天书”。这是不正常的。

学科的发展，高度分化，又高度综合，内容相互浸透，纵横交错，放射出一道道光芒，训诂学的曙光也将就在眼前。它不是不可捉摸的。学科的发展，是人类对客观规律认识的不断深化的过程，这突出地表现在历史上多次出现的理论大综合上。训诂学科的发展自然也是顺应这一历史规律的。目前训诂学著作以百计，论文以千计，训诂学要发展已逐渐形成了人们的共识。发现问题、提出问题、解决问题，将经逻辑检验、实践检验而得到真理性证明。

1.1.6 提到训诂学，现代人往往感到有些生疏。齐佩瑢《训诂学概论》说“训诂学也可以叫做‘古语义学’”，这就使人们较容易接受了。罗常培《语言与文化》提到语义学与训诂学的相关性问题，同时指出：“对于语义的研究，咱们不应该再墨守传统的训诂学方法”。这就表明训诂学有它自身内涵及其研究的方式方法等。为使叙述眉目清楚，下面分条阐析训诂和训诂学的各项内涵，而后展开阐发训诂学及其发展诸多方面。笔下力求“言尚省而意趋明”，不作烦琐考证。

1.2 训诂

在汉代以前，“训”和“诂”是单独出现的，西汉末叶开始，“训诂”两者合起来用。有些讲训诂的书，对什么是“训”，什么是“诂”，什么是“训诂”，引了从许慎《说文解字》以来的20多家的说解及其出处，或大同小异，或正误兼容并包，未作具体分析，读者反复捉摸也弄不清楚究竟什么是训诂。

《辞海》第六版综合历来说法，去粗取精，由表及里，给“训诂”作了定义式的讲解：

> 解释古书中词语的意义。用通俗的话来解释词义称“训”。如《尔雅·释水》：“大波为澜，小波为沦。”用

当代的话来解释古代词语或用普遍通行的话来解释方言称“诂”。如《尔雅·释诂》：“乔、嵩、崇，高也。”《方言》第一：“党、晓、哲，知也。楚谓之党，或曰晓，齐宋之间谓之哲。”

这个讲解中值得注意的是讲训诂是“解释古书中词语的意义”，不仅指出解释字词，也解释语句，防止了把训诂理解为只是解字词意义的误解。同时这里说“古书中”，比一般说“古文献中”范围大，更确切。谨按：文献常指具有历史价值的图书文物资料，亦指与某一学科有关的图书资料，说古书含义更确切。

《辞海》的说法与黄侃的说法相接近，但不完全相同。

黄侃说训诂是“用语言解释语言”，这与《辞海》“解释古书中词语的意义”接近，而黄侃解释“诂”是“故”，是“本来”的意思；“训”是“顺”，“引申”的意思，这跟《辞海》对“训”和“诂”的解释不一样。谨按：《广雅·释诂》：“训，顺也。”徐锴《说文系传》：“训者，顺其意以训之也。”黄侃沿旧说辅以“引申”述之，意更透明。

我们可以采用黄侃的说法，参考《辞海》的说法。采用黄侃说法的理由是黄侃概括表明了一般语言现象，体现了对一个多义词词义系统的较全面的认识，叙述进一步理性化了。参考《辞海》的说法，可以知道“训诂”浑言之都是“解释”意思，析言则有别（浑言、析言都是训诂学术语，请参本书第五章的“训诂学常用术语”）。

综上所述，可以这样理解：训诂是对语言，主要是对古代语言的解释。用语言解释语言是训诂的一般含义，对古代语言作解释是训诂的特定含义，而特定含义不能取代一般含义。

在对什么是训诂有正确认识的基础上，对其他不恰当的说解便不会盲从，造成认识上的混乱。比方说，有人觉得“训诂”又可以说成“故训”或“诂训”，便说《诗经》《尚书》里的“古训”就是“训诂”的出处。其实不然。“古训”是指“古昔教言”，相当于《国语》中所称述的“遗训”，同“训诂”不相涉，不能随意牵合。拙著《训诂学导论》和《训诂学教程》都有较详细考述，读者可另参。

1.3 训诂学

训诂学是以训诂实践为研究对象、以语义为主要研究内容的一门独立的学科，是语言学里具有综合性和实用性特征的人文性很强的应用学科。下面先看几个实例：

(1)牟然而鸣。(柳宗元《牛赋》)

这个“牟”的意义可以从字形上寻求。《说文解字》这样说：“牟，牛鸣也，从牛，象其声气从口出。”这是文字学知识的运用。按：“牛”是象形字。象形字通常是随着实物形体曲直加以描摹而成，但有些形体比较繁复而且往往大同小异，就只象它显著特征部分。牛便是这样，羊也是象显著特征部分而与牛不同。这些查看《说文》，便一目了然了。

(2)终南何有，有纪有堂。(《诗经·秦风·终南》)

“纪”和“堂”长期以来没有得到合理的解释。清代王引之联系词的语音形式断定“纪”借用为“杞”(木名，柳属)，“堂”借用为“棠”(木名，梨树属)，使人十分信服。这是从语音角度利用音同音近的词来释义。这样的释义，必须有可靠的语料为证，防止随意性。王引之是对《诗经》以及其他相关方面作了全面研究以后才得出结论来的。他首先发现《诗经》凡是说山有某物都是指草木，同篇诗前一章说“终南何有，有条有梅”的“条”和“梅”也是草木，初步肯定了“纪”、“堂”也可能是树木；其次他参照《诗经》异文《韩诗》的“有杞有棠”，便进一步断定“纪”、“堂”借用为“杞”、“棠”。古时传《诗》的鲁、齐、韩、毛四家，毛亨《诗经诂训传》属古文学派，其余属今文学派。韩诗是汉初韩婴所传。王引之是古文学家，但他没有门户之见，择善而从，并不排斥今文《诗》，这是可取的，也是今天我们治学的雅范。

(3)主上屈法申恩，吞舟是漏。(丘迟《与陈伯之书》)

“吞舟是漏”即“漏吞舟之鱼”。探求“吞舟之鱼”用典出处见《庄子·庚桑楚》，关系到词汇学等知识运用。其前“屈”与“申”(伸)是对文，按现代人说法属消极修辞。“吞舟之鱼”却省说成“吞舟”，并且提到动词“漏”之前以示强调，这一省略和语序的分析，又关系到语法学知识的运用。同时就“吞舟是漏”整体看，它是用来比喻梁朝对犯人过分宽大，属积极修辞。全句意思是：皇上(南朝梁武帝)舍弃刑罚施加恩惠，(宽大到)连吞得进船只的大鱼也可以漏网。

(4)每一令出，平伐其功曰，以为非我莫能为也。(《史记·屈原列传》)

这句“曰”、“以为”之间，结构关系和意义关系都不清楚，原来有衍文，应删“曰”或“以为”。了解这一现象，自然关系到校勘学知识的运用。

(5)燕之兴也，苏秦在齐。(《孙子》竹简本《用间篇》)

苏秦在孙武200年之后出生，怎么从《孙子》书中出现呢？可见银雀山汉墓竹简本《孙子》有失真之问题。这关系到版本问题、作者问题、流传问题的考察。

(6)校之以计，而索其情。(《孙子·计篇》)

"校"，一般解读《孙子》的书读为jiào，释为"比较"的"较"，大致可行；银雀山竹简本作"效"，人们说"效"通"校"，勉强凑合。这可暂不推究。要细加推究的是"计"的深层含义。《孙子》十三篇，前三篇阐述战略，后十篇重在阐述战术，《计篇》则置于三篇之首，其重要性不言而喻。笔者年轻时通读十三篇，几能背诵，但对"计"的深义未曾觉察，通释为"计谋"。解为"计谋"固然不算错，往后参读李零的论述，多有启迪，并联想到其他，应该从"计算"全局索解深味。先秦，特别是在春秋时代，出兵前用一种叫算的工具进行计算（估计实力）。"算"用竹木小棍制成，也叫"筹"或"策"。古时候所谓"定计"、"运筹"、"决策"，都是出兵前用这种竹木小棍计算敌我双方实力优劣的过程。这种制度起源很早，弄清这种名物制度，"校之以计，而索其情"的含义就阐发得透彻：比较敌我双方各种条件，用以探求战争胜负情况等。字词语句有其表层意义和深层意义，未懂其深刻含义就对全篇甚至全书作整体性的概括，殊不可取。有人说《孙子》内容可以用四句话来概括，进而用四个字来概括，这种粗枝大叶、浮光掠影的做法殊不可取，决非治学的正轨。《孙子》最早传到日本，日本学者研究不辍，前些年还对《计篇》开头几句话的断句提出自己的独特见解，挪威汉学家何莫邪来敝舍，开头就说在国外读到拙著《孙子兵法解读》，今特来进一步求索若干字词的释义，由此不禁使我想到时在今日，训诂学的研究和普及亟需提到新的日程。

说到普及，笔者还有过经历和体验。仍以《孙子》为例：苏州大学和苏州政协联合举办《孙子兵法》讲座，笔者一次连续讲了四小时，听众听得入神，一个也没有离席过，唯恐听得不全，思维中断，由此更使我深切感受到过去普及工作做得嫌少。

上述只是示例说明什么是训诂学，证实训诂学是具有综合性和实用性特征的人文性很强的应用学科，表明传统训诂学继承弘扬及学科发展取向。未及全面铺叙，其余容后文讲述。

1.4 训诂学的任务

按照传统的说法，训诂学的任务主要有三项：

1.4.1 释古今之异言

这主要是用当代的语言解释古代词语。比如：

孟春百草权舆。（《大戴礼·诰志篇》）

“孟”是四季中月份在开头的。“孟春”是阴历一月，“仲春”则指二月，这好理解。“权舆”是什么意思呢？这就要查训诂学专著了。《尔雅》有这样的解释：“初、哉、首、基、肇、祖、元、胎、俶、落、权舆，始也。”（《释诂》）这就是用当时的“始”去释古代的“权舆”等，即所谓“释古今之异言”。

《尔雅》的解释是粗线条的，我们再看晋代的郭璞注（“注”原义是像水灌，使通，用来表示解释古书，后来也写成从言旁的“註”）、清代郝懿行的《尔雅义疏》（“疏”是指疏通文理，也就是汉代的传注简略不易懂，再加疏通），再看清代王念孙《广雅疏证》(《广雅》讹文脱字多,王加疏通订正)或东汉许慎著《说文解字》(简称《说文》,清代段玉裁《说文解字注》为群注中较好的),意义就具体化了。试看《说文》的解释(作者按:上述不是说同时查几种书,查一种能解决疑难,就不一定本本都查;如各书解释不一样,择善而从):

始——女之初也,从女台(yí)声。诗止切。

初——裁衣之始。

哉——草木之始(借用为"才","才"《说文》解为"草木之初也")。

首——身之始。

基——筑墙之始。

肇——开窗之始。

祖——人之始。

元——天地之始。

胎——生之始。

俶——善之始。

落——死而复生之始("落"向反面转化为"始")。

权舆——草木萌芽之始("权舆"借用为"灌渝",意为萌,联绵词,还有多种写法)。

这些词除了"始"的义项外,还有其他义项,自然也就各自分属于不同词义词群了。

1.4.2 通方俗之殊语。比如:

崽,子也。(《广雅》)

主要用通语释方言,余例从略。

1.4.3 道物之貌以告人。比如:

孙，子之子曰孙。（群书略同）

说明表示事物的具体意义让人了解，余例从略。

以上任务用一句话概括，就是释古语，通方言，明词义。这三项任务表明训诂学是沟通古今语义的桥梁。从现在和未来的要求看，任务当然更加繁复。这就是在保证完成上述三项任务的同时，完成两项根本性任务：第一，加强对训诂学史和训诂方法论的研究，实现训诂学自身的建设和发展；第二，总结训诂实践和经验，提高工作水平，促进语文教学、古籍整理和词典编纂等的发展。20 世纪 80 年代，著名语言学家邢公畹认为："一切涉及中国古代文献的学问都必须用训诂学来做它的研究工具。"作者有感于此，在拙著《训诂学导论》（上海教育出版社，1987 年）、《训诂学教程》（北京大学出版社，2013 年）中都作如上叙述，又在拙编《训诂学读本》（上海交通大学出版社，2010 年）中史论结合，从理论到实践，从过去、现在和未来，作了全局性阐述，可另参。

学科的发展是人类对客观规律认知的不断深化过程。多方参比，在学科理论综合方面不无补苴。任何学术都有补足余地，集思广益，相得益彰，固亦学科发展使然。

第二章　训诂的内容

训诂内容相当繁复，包括解释词义、典制和名物，分析句读，校勘讹误，阐明语法，说明修辞，串讲大义，析解篇章，辨正音读，等等。兹择项例说其要者，以资隅反。

2.1　解释字词——训诂的核心

将解释字词作为训诂的核心内容来提，说明这是特别重要的环节。解释字词在一般人的心目中，往往认为是比较简单的事情，只要翻开字书、词书，问题就都解决了。其实用训诂学眼光看，并不那么简单。比如，陈独秀的《字义类例》说："西，鸟棲也，假以为东西字。"把"西方"的"西"看成是假借字。可是《说文·西部》的解说是："鸟在巢上也。象形，日在西方而鸟棲，故因以为东西之西。"

从"西"的古字形看，它表示鸟已归巢休息的意思。"西"《说文》也作"棲"（重文——重出的异体字），没有"栖"，"栖"是后起的。显然，"西"是"栖"的古字，"栖"是"西"的本义，"棲"是"西"的异体字。鸟归宿，日已西落，所以引申为东西方的"西"的含义。"西方"的"西"不是音的假借。这里列线示意，"西方"的"西"与语音假借无涉：

西	棲	栖
（古字）	（异体字）	（今字）

本义：鸟棲

人们释义，对“假借”的指认常带随意性。其实，假借有其局限性，《说文》中假借字只有百分之一、二，后来以形声字济假借之穷。王引之《经义述闻》列出的“经文假借”是属“通假”，钱玄同《汉字革命》中所说“周秦诸子，史记、汉书、汉碑等等，触目都是假借字”，这“假借”更是指“通假”。“通假”的产生一般说是书写的讹误和就简，实质是表意制汉字同它自身职能相矛盾所决定了的。“假借”和“通假”说来话长，详见拙文《“通假”质疑》(《上海师范学院学报》1980 年第 4 期)。

又如，《辞海》说：“县(縣)，同悬(懸)”。这里说“同”就把问题实质掩盖了，会把读者引到没有历史观点的错误道路上去。上古只有“县”，没有“悬”，不能简单地说“同”。“县”是古字，“悬”是后起的区别字(清代人称“区别文”，现代人称“今字”)。最好能体现这样的叙述内容：“县”意义等于悬。后来写作“悬”。“县”的本义是“悬挂”，引申为“距离远”，又引申为“悬念”，再引申为“郡县”的“县”。秦始皇分全国为 36 郡，郡下有县，县当时指边地(距离远些)。把行政区叫县，意为把边地悬挂在秦王朝统治下。这样看来，有人把“县、悬”说成通假字也就不对了。(参王力说)

还必须指出，不同民族文化，对词义的解释往往会有不一致的现象。比如，不同民族对“龙”的观念不一致，等等。

2.2 解释文句

2.2.1 分析句读

古书一般是不断句的，前人读书时要自己断句。古书虽然不断句，但古人却十分重视句读，因为明辨句读是读懂古书的起点。句读这一名称，最早见于何休《公羊传·序》:“援引他经，失其句读。”《经典释文》说“句读”的“读”音“豆”，别的地方还把“句读”叫作“句投”、“句度”。现举个句读不当的实例:

孔墨之弟子皆以仁义之术教导于世，然而不免于傴，身犹不能行也，又况能教乎?(《淮南子·俶真训》)

高诱以“傴身”两字应连读，说“傴身，身不见用，傴傴然也”。王念孙说:“‘傴’字上属为句，‘不免于傴’，谓躬行仁义而不免于疲。”高诱的解释很不清楚，“傴身”一词自古未必现成，“傴傴然”亦甚费解，诚如杨树达《古书句读释例》(四)所论:“王说是也。”

本书附录《古籍中的句读与标点》对这一问题有较详细讨论，可参看。

2.2.2 疏通句意

古人在解释字词外，往往疏通全句意思。比如:

朕皇考曰伯庸。(《离骚》)

汉代王逸先把“朕”(我)、“皇考”(光明正大的已经去世的父亲)、“伯庸”(屈原父亲的字号)一个个加以解释，然后综合起来加以疏通说:“屈原言我父伯庸本有美德，以忠辅楚，世有令名，以及于己。”这样就把屈原的身世交代得十分清楚，同时也把这句话的深刻含义揭出来了。训诂学上的疏通句意能够通察上下文，紧扣中心发微。达到这种程度，就算上好的了。如果只解释成“我去世的父亲叫作伯庸”，相比起来，就嫌逊色。但必须注意:疏通句意要防止离开特定人物背景，任意发挥。

2.2.3 阐明语法

古书注释中专谈语法的不多，一般只在疏通句意中体现其中语法关系，有时也点明词性变化和虚词用法。比如：

原隰裒矣，兄弟求矣。（《诗经·小雅·棠棣》）

第一句“原”（野地）、隰（低湿）、“裒”（积土成坟）毛亨没有解释，第二句解释为“言求兄弟”，表明“兄弟”是“求”的宾语，句法关系就清楚了。

七月流火，九月授衣。（《诗经·豳风·七月》）

《毛诗诂训传》（简称《毛传》）说：“火，大火也；流，下也。九月霜始降，妇工成，可以授冬衣矣。”陈奂《诗毛氏传疏》说：“流火，火下也，火向西而下，暑退将寒之候也。”（按：火，火星，夏历的七月，火星向西下，故是暑退将寒之际）陈奂解释“流火”为“火下也”，这就说明“流火”是主谓结构“火流”的倒置，这样，人们才不会误解其意义。

距关，毋内诸侯。（《史记·项羽本纪》）

“内”有人解释为“纳”的通假字，有人解释为“纳”的区别字。另有人解释为方位名词使动用法。从语法上实词活用的角度看，后一种意见是很有可取的。（按：实词活用上古最盛。）

焚之者何？樵之也。（《公羊传·桓公十四年》）

何休《公羊解诂》：“樵，薪也，以樵烘之，故因谓之樵之。”何休解释说明“樵”在本句是名词用如动词，即用樵烘之意。

式微式微，胡不归？（《诗经·邶风·式微》）

《郑笺》：“式，发声也。”《孔疏》：“不以式为义，故云发声也。”郑玄、孔颖达两人的笺、疏说明“式”是语气助词。按：“笺”是“笺识 zhì”之意。古人治学，讲究师承，郑玄解《诗》以《毛传》为据，有所补充发挥不跟《毛传》相杂，称为“郑笺”。“笺”原是小竹片，读书时随手记录心得体会，系在简上备考，后成注释的一种。

2.3 分析篇章

2.3.1 解释篇题

《淮南子·原道》高诱注：“原，本也（本性、本质），本道根真，包裹天地（一切），以历（经过）万物，故曰原道，因以为题。”

2.3.2 点明章旨

《孟子·梁惠王上》赵岐注：“章旨：圣王之德，与民共乐，恩及鸟兽，则忻（喜悦）戴其上，太平化兴（化，教化，用教育感化的方法改变人心、风俗，使国家兴旺）。无道之君，众怨神怒，则国灭祀绝，不得保其所也。”

2.3.3 串讲大意

> 孟子见梁惠王。王曰：“叟，不远千里而来，亦将有以利吾国乎？”（《孟子·梁惠王上》）

赵岐注（串讲）：“曰，辞也。叟，长老之称也，犹父也。孟子去（离开）齐，老而之魏，故王尊礼之。曰：‘父不远千里之路而来至此，亦将有可以为寡人兴利除害者乎？”赵岐这段话从“曰，辞也”到“犹父也”，是逐个词进行训释的，从“孟子去齐”到“为寡人兴利除害者乎？”则串讲这一节的大意。按：叟、父，对年长有德行的人的敬称，“寡人”为诸侯的谦称，意为“寡德之人”。“孤”也是诸侯的自称，其区别是：国家有凶诸侯自称“孤”，不过以后混用了。现在成语“孤家寡人”都含贬义，比喻孤立无助。古时敬人谦己的语词不少，都是客套语。又按：

"辞也"这一术语指虚词,赵岐把"曰"也说成"辞也",意味着古人心目中的虚词概念是比较模糊的。他书注释也有同样情况,应注意鉴别。

2.3.4 分析结构

分析文章的篇章结构,往往需要参考其他资料。比如:

学而时习(温习)之,不亦说乎?有朋自远方来,不亦乐乎?人不知而不愠,不亦君子乎?(《论语·学而》)

这三句话连成一章,粗看起来,它们的意思并没有什么联系。而根据有关资料考察,不难了解全文意思相关联的情况。《史记》有这样的记载:"孔子不仕,退而修诗、书、礼、乐,弟子弥众,至自远方,莫不受业焉。"这就可以了解到"学而时习之"是指修订《诗》、《书》、《礼》、《乐》说的;"有朋自远方来"是指弟子弥众,来自远方,莫不受业焉说的;"人不知而不愠"是指不仕而说的。这样,我们就能明确了解这一章的几句话是有联系的,它集中表明孔子自己当时的境遇和心情。

2.4 分析表述方式

训诂学不仅训释解说字词句篇,还要分析表述方式。比如:

萧萧马鸣,悠悠(旗帜摆动的样子)旆旌。(《诗经·小雅·车攻》)

《毛传》说:"言不谨哗也。"毛亨在这里既不解释词义,也不串讲,只用了"言不谨哗也"几个字,便绘声绘色地表现了出征时的紧张庄严气氛。说只有战马嘶鸣和军旗迎风招展,却没有其他士兵说话等声音,这是一种很好的烘托手法。后人诗句

“蝉噪林愈静”、“鸟鸣山更幽”,这些也是由自己的感受施之于行文中烘托情意的表述。从语言修辞角度说,它也属积极修辞之一格。下面将专门从修辞上说明训诂学所要涉及的内容。语音、词汇、语法三要素是修辞的基础,修辞方法的运用多方相涉。

2.5 说明修辞手段(举要)

2.5.1 指明比喻

萋兮斐兮(花纹错杂的样子),成是贝锦(像美好贝形锦缎)。(《诗经·小雅·巷伯》)

郑玄解释此诗句是比喻一些诽谤者就像女工所编织采锦时那样,极尽心力罗织罪状,诬陷别人。

2.5.2 指明借代

怀金垂紫。(《汉书·冯衍传》)

李贤《后汉书注》:“金谓印也。”“金”是借代用法。“印”往往用金属刻制;所以用来代印。其他如说“金革”,“金”代兵器,“革”代甲;“金石”,“金”代钟鼎,“石”代石刻,人所共知。

2.5.3 点出双关

相君之面,不过封侯,又危而不安;相君之背,贵而不可言。(《汉书·蒯通传》)

张晏注:“言背者,云背叛则大贵。”

2.5.4 点出委婉

齐侯未入境,展喜从之,曰:“寡君闻君亲举玉趾,将辱(屈尊,表敬)于敝邑,使下臣犒执事。”(《左传·僖公二十六年》)

杜预注:“言执事,不敢斥(指)尊。”用齐侯左右的人婉指齐侯。尊人和卑己(敝邑)是表敬表谦两个方面,常同时使用。

2.6 说明故实、民情、典制、史事并注意校勘、版本

2.6.1 说明故实

莫邪为钝兮,铅刀为铦(锋利)。(贾谊《吊屈原赋》)

李善注:“《吴越春秋》曰:‘干将者,与欧冶同师,俱作剑,阖闾得而宝之,以故使干将造剑二枚,一曰干将,二曰莫邪。莫邪,干将妻之名也。’”李善对“干将莫邪”的传说作了说解,使人便能更详细理解贾谊所反映的是非颠倒黑白混淆的故实。

2.6.2 说明民情

纠纠葛屦,可以履霜。(《诗经·魏风·葛屦》)(纠纠,交错编织的样子。句意是用葛藤编制的草鞋。可以用来踏在霜上。)

《毛传》:“夏葛屦,冬皮屦,葛屦非所以履霜。”《郑笺》:“葛屦贱,皮屦贵。魏俗至冬犹谓葛屦可以履霜,利其贱也。”《毛传》说明葛屦是夏天穿的,冬天要穿皮屦才能御寒,意在言外。《郑笺》说明位于北方的魏国,因葛屦便宜所以冬天仍然用来履霜,既反映了魏国俗习,也反映了人民生活的艰难。——民情实况各方殊异,多而杂,不胜枚举,一以隅反罢了。

2.6.3 说明典制

商鞅为秦立相坐之法而百姓怨矣。(《淮南子·泰族》)

高诱注:“相坐之法,一家有罪,三家坐之。”高诱注明秦孝公时商鞅为秦所立的相坐之法的内容,说明一种刑法制度。(百

姓，指百官，此指无官职的贵族。）

2.6.4　说明史事

古公亶父，陶（借为掏）复（从旁掏洞）陶穴（从下掏洞），未有家室。（《诗经·大雅·緜》）

《毛传》："古公处豳，狄人侵之，事之以皮币，不得免焉；事之以犬马，不得免焉。乃属（嘱托）其耆老（年高望重的老人）而告之曰：'狄人之所欲者，吾土地也。吾闻之，君子不以其养人者害人。二三子何患乎无君？'去之，逾（越过）梁山，邑（建立国都）于岐山之下。豳人曰：'仁人之君，不可失也。'从之如归市。"

这首诗写的是周人的祖先古公亶父的事。这几句是诗的第一章，写亶父初迁岐山之下，只能挖洞穴安身，还没有居住的房舍。为了说明亶父迁岐的原因，《毛传》补说了以上的历史事实，使诗义了然。

2.6.5　注意校勘、版本

祝聃射王中肩，王亦能军。（《左传·桓公五年》）

郑国的祝聃射周桓王，射中了左肩膀，王不能指挥军队了。依王引之说："'亦'当是'不'之误。"（《经义述闻》卷十七）

夫佳兵者，不祥之器。（《老子》三十一章）

王念孙认为"佳"是"唯"字之误。因这里"兵"作为兵器讲，既说它是"不祥"，那"佳"字就讲不通，所以王念孙把"佳"改为"唯"字。王念孙考察到别处也有"夫唯"用作发语词（语气词），资以佐证。马王堆汉墓帛书《老子》作"夫兵者，不祥之器"，王念孙的见解得到证实。此外，朱起凤早已说过，"古有嘉字，无佳字。"（《辞通》）这是从文字角度考察"佳"字之误，可见综合运用语文知识的重要。自古以来，校勘、训诂同出一源，二者有共同任务。

还有，校勘与版本常密切相关。《颜氏家训·勉学篇》记载了这么一个例子：江南有个权贵，收到了别人送的一块羊肉，写了一封表示感谢的回信，其中有一句是“损惠蹲鸱”。对方感到惊奇，说羊肉是“蹲鸱”，真是闻所未闻。后来才了解到，误出《蜀都赋》版本。该赋中的“蹲鸱”，有人注云：“蹲鸱，芋也。”有的本子把“芋”错成“羊”，就让这个权贵闹了笑话。

有时校勘版本，要运用语言知识独立判断。《论语·学而》：“夫子之至于是邦也，必闻其政。”有好几位学者说“之”字衍，查《十三经注疏》等也无“之”字，作者对此存疑。从句法的发展看，先秦，特别是春秋时期，主谓之间要有“之”字，没有“之”字“不成话”，王力坚持此说，事实上，“大道之行也，天下为公”，也正是如此。到战国末、汉代，才出现混用现象：“此寡人之所欲知也”（《吕氏春秋》）句用“之”；“此寡人所欲知也”（同上）句不用“之”；“天之亡我，我何渡也”（《史记》）句用“之”；“乃天亡我，我何渡为”（《汉书》）句不用“之”。之后，主谓结构间从用“之”向不用“之”过渡。回头再看“夫子之至于是邦”的“之”无论从校勘还是版本看，“之”不算是衍文。至于后代人模仿先秦笔调写文言文常用“之”，那是另一回事，与句法自身发展规律无涉。

俞樾《古书疑义举例》属训诂学书，是具有综合性和启发性特点的书，凡 7 卷，1 至 3 卷主要讲词句的变化，卷 4 主要讲虚词的运用，卷 5 主要讲古书衍、误字，卷 6 主要讲古书脱字和错简，卷 7 主要讲古书误改、误删，讲析颇为精当。梁启超评为“模范名著”；刘师培叹为“绝作”，“发古今未有之奇”；马叙伦称“发蒙百代，梯梁后学，固悬之日月而不堪者也”。它把传统训诂学提高到了新的水平，历史价值、现实价值都很高，可以认真参读。作者与金甲先生撰有《俞樾〈古书疑义举例〉评注》（商务印书馆，2012年），或可得读者便中垂阅，给予匡正之助。

第三章　训诂方法

训诂方法是指探求词语意义的方法。

3.1　形训——以形索义(外在形式的利用)

以形索义是通过字形的分析去了解汉字所记录的词的本义。以形索义的理论根据是,汉字制度是表意的。“汉字是以象形为基础表意为主导而又兼有表音因素的表意制文字”,“跟汉语单音成义的特点相适应”,有可能通过字形分析寻求字义。使用拼音文字的民族,没有“字”的称述,如英语、法语、德语、俄语等,只有字母和词的表述,汉字的“字”则独树一帜。兹例说如下:

(1)穹窒熏鼠,塞向墐户。(《诗经·豳风·七月》)

穹,空隙,这里指鼠洞或土墙的洞隙。窒,堵塞。熏鼠,以柴草燃烧使烟熏鼠。向,朝北的窗子。墐户,用泥涂门缝——古时农村穷人是编扎竹木为门,涂上泥才能防风。这两句是写收拾房屋过冬。上句有不同解释,高亨解释为:“穹”借为“烘”,“窒”当作“室”,形近而误,意思是说用火烘干屋子,同时用烟熏走老鼠。我们不采取这种训释,况且不是此处剖析要点。下句解释无甚分歧,只是“向”字得着重讲解一下。“向”字通常是方向、朝向等意思,人们怎么解释成朝北的窗子呢?我们翻开《说文》:“向,北出牖也。”甲骨文的刻划可证《说文》的分析是对的。这样,“塞向”解释成堵上北面的窗口是对的。

这个例子说明用通常的解释不能贯通句子上下文意时，应该如何在《说文》中查找出字的形义来解决。

(2)师退，次于召陵。(《左传·僖公四年》)

这句的“次”怎么解释呢？《说文》：“次，不前不精也，从欠二声，七四切。”形体与说解似乎统一不起来。段玉裁注说“不前不精皆居次之意”，又认为“从欠二声当作从欠从二，从二故为次”，俾勉强可通。但是我们仔细看《说文》“次”的古文字形，“次”的意义就比较清楚了。(按：什么叫“古文”，有不同解释，这里指战国时通行于六国的文字)古文“次”象帐篷之形，本义是军队在郊外作为临时住宿用的帐篷。《周礼》有掌次之官，郑玄注：“次为幄，帐幕也。”引申为军队暂时驻扎的意思。“次于召陵”的“次”用的就是这个意思。

以上“向”“次”是据《说文》的说解的同时联系甲骨文和古文的认知而得到合理的训释。随后从汉字构成的部件形符和声符来探索。

(3)蚤起，施(yí)从良人之所之……而良人未之知也，施施从外来，骄其妻妾。(《孟子·离娄下》)

这里几个“施”应该如何解释呢？《说文》：“旗旖施也，从㫃，也声。”这是个形声字，形符(意符)“㫃”，《说文》：“从中，曲而垂下，㫃相出入也。”段玉裁注：“从中者，谓杠(旗杆)首之上见者。”本义是旗的飘带在微风中左右飘动的样子。

了解了这些意义，我们就可以把上面描写齐人及其妻的情态领会得更细致入微。“施从”的“施”，形象地描绘了齐人之妻既要跟踪自己的丈夫，又怕被发现，躲躲闪闪，忽左忽右，尾随在后的样子。而“施施从外来”的“施施”两个字更是把这个齐人回家时那种左右摆动，怡然自得，在妻妾面前大摆威风的神气活灵活现地刻划出来。如果不分析"施"的形体，不推求它的本义，就不可能深入理解这两个动作的生动性和形象性（此例下文再详细讨论）。

这个例子主要说明如何利用形声字的形符（意符）来帮助找出字的本义。

(4)尉（慰）安众庶。（《汉书·车千秋传》）

这句的"尉"若能弄清本义，理解当更深入。"尉"又写作"尉:熨 yùn"。"慰安、安慰"的"慰"本来没有"心"符，后来才加上去。这表明"慰"从"尉"得声，也从慰得义。"尉"本义是熨东西（如缯帛）的意思，引申有压平的意思，再引申为安抚、安慰的意思。

这个例子说明有些形声字的声符在我们探求字义时也是不应忽视的。依朱骏声统计，《说文》有600个声符有义。

下面再谈"以形索义"的目标和依据。

以形索义以寻求本义为目标，前面谈到的"向、次、施、尉"已表明这一事实。一般情况下，字有本义，又有引申义，本义直接与字形切合，引申义与字形的距离有近有远。比如朝，《说文》："朝，旦也。从倝舟声。""倝"形符表示日始出意思。段玉裁注："旦者，朝也。"朝、旦都是早晨的意思，都是直接与字形切合的。早晨要朝见君王，就引申为"朝见"，读音也稍变。"朝见"的引申义与字形的关系还可以看出一些。而朝见时必须下拜，便引申出朝拜；朝见在朝廷进行，便引申出朝廷；朝廷是国家统治中心，便引申出王朝；王朝兴亡更替，改朝易姓，便引申出朝代。这样，引申义与字形的关系就越来越远了。

以形索义的目标是探求本义，已如上述，随后接着谈以形索义的依据。以形索义的依据是本字和笔意。

先说本字。以形索义只能根据本字，防止根据假借字。比如：

(1)俄而，柳生其左肘。(《庄子·至乐》)

“柳”借用为“瘤”。《说文》：“瘤，肿也，从疒留声。”如果依借字“柳”求义，必然出错。唐代王维诗句出现“今日垂杨生左肘”，显然是把借字当本字来理解和运用而使事理不通。

(2)此臣之日夜切齿腐心也。(《史记·刺客列传》)

现在有些古文选本把“腐心”解释成“恨得好像那颗心也煎熬得腐烂了”。其实“腐”是借字，本字是“拊”，“拊心”是“捶胸”的意思。现在的古文选本看来也是有依据的，比如唐代司马贞《史记索隐》就说“腐亦烂也”。这是司马贞也搞错了。从上下文看，做“烂”解释不确切，《战国策·燕策》“切齿拊心”可作旁证，本义是“拊”，“拊”的本义是击、拍。用假借字的字形来解释词义，必然犯望文生训的毛病。采用前人的误解来释义，这是沿讹袭谬之弊。

关于“笔意”，通常有两种含义：一是指写字、绘画的意匠经营和笔画运转间所表现的风格工力；一是指诗文笔法和意境，如范成大诗“笔意不如当日健”，《图绘宝鉴》卷二“笔意幽闲”。我们这里指的是能够体现原始造字意图的字形。这也就是说，“以形索义”只能根据笔意，不能根据笔势。“笔势”是指经过演变，加以符号化，因而脱离了原始造字意图的字形。比如：

⊙、☽（笔意）——日、月（笔势）

由于“日”是始终圆的，“月”是圆的时候少，而缺的时候多，所以用不同的写法来加以区别。当中加点，要不是用来象太阳和月亮里面隐约的黑形，就是为了填空。这种象形字发展到后来，已经成为不象形的象形字了。这种跟实物不像的象形字，从形体上去辨认已经困难，它们不过是表意的符号而已，我们不妨说它们是种笔势罢了，至多也只能说是“准笔势”。又“肝、肺”也写成“月”旁，其实这里“月”代表“肉”旁，原来写法“⺼”不是两小横，而是写成“⺀”，以区别于“月”，后来相混了，一般不知道这两个字的原来写法。从笔势看待，这种相混也就无所谓了。再如“奏、奉、秦、泰、春”这些字，从隶书形体开始，上部一律写成“𡗗”，而小篆形体各不相同，这也是从笔意演成笔势了。尤其是今天的简化字，如“汉”（漢）、“邓”（鄧），声符只是象征性符号的笔势，“风”（風）、“刚”（剛）、“区”（區）等，都用“×”表示其间的形体，起填补空缺的作用，都是象征性符号的笔势。

以上表明运用以形索义必须以笔意为依据，若是硬要依据笔势索义，就难免穿凿附会或无从着手。

怎样才能做到以笔意为依据呢？除了查《说文》小篆等字形（这当然是主要的），还要查古文字字形，秦小篆以前的文字叫古文字。古文字分四系：一是殷商系文字，二是两周系文字（止于春秋），三是六国系文字，四是秦系文字。比如：

（民），这是小篆形体，无法显示字义。

我们上推到古文字中去考察：甲骨文中没有明确认定“民”字形体，金文中倒有“民”字，写作像女人被捆绑的样子，也就是

奴隶的形象，古文逐步简化，今天写成“民”。

我们参考古文字不仅可以更好地了解形义关系，还可更具体地找到《说文》及其他各书所无的佐证。比如“自”字的本义是鼻子，从字形看，应该是靠得住的，但是从全部的古书里却根本找不到当鼻子讲的“自”来。（查杨雄《方言》，有这样说法：“鼻，始也。兽之初生谓之鼻，人之初生谓之首。”但是却没有讲到“自”。）怎么办呢？这就有必要查甲骨文了。甲骨文有“疾自”的说法，意思是鼻子有毛病，这就给“自”的本义提供了实例了。（按：小病曰“疾”，大病曰“病”，“疾病”浑指大小病。）又如《说文》“追”“逐”二字互训（追，逐也；逐，追也），而古书里看不到这两字的用法有什么区别；可是杨树达研究甲骨卜辞里“追”、“逐”两字的用法发现“追”的对象一定是人，像“追羌”“追龙”（羌、龙都是方国名）。“逐”的对象一定是兽，像“逐鹿”、“逐兕”。可见“追”的本义是追人，“逐”的本义是逐兽，后来才混释混用而不分。

总的说来，《说文》是“以形索义”重要参考书，同时要参照古文字。那么这是为什么呢？

首先，历来小学为经书附庸，《说文》字义解释与经书词义解释基本一致，读古书自然要依据《说文》；其次，《说文》的字体是小篆，是秦的统一文字，而甲骨文多少带有地域性，何况甲骨文能认识的字还不多，小篆字多，比起甲骨文更有代表性。有人忽视这一实况，以为有了比小篆早得多的甲骨文作为以形索义的依据，因而低估《说文》的作用，显然是错觉。

同时也要防止另一偏向，即低估甲骨文的作用。许慎在撰写《说文解字》的时候，先秦文字看到的不多。甲骨文当然看不到，金文也没有看到多少，有其局限性；甲骨文的发现，纠正和弥补了《说文》的不足。

末了要就汉字作全局性的强调。汉字由“笔意”到“笔势”的变化，是汉字符号的变化，不是汉字制度（体系）的变化。符号的变化包括构形和体态的变化。汉字由笔意到笔势的变化，主要是体态的变化，同时也在一定程度上影响了构形的变化。汉字由笔意到笔势的变化的原因，一是书写工具和使用原料不断变化与改进，促进汉字体态不断演变（具体阐述详拙文《汉字体态及其演变因素》，载《语文学习》1981 年第 7 期）；二是汉字使用频繁和扩大，人们为了提高汉字书写效率，也促进了汉字体态的演变（具体详文同上）。书写工具的革新，为汉字体态演变提供了先决条件，使演变有了可能性；汉字的使用日益频繁与扩大，使演变有了必要性。有此必要，又有此可能，汉字体态就顺应历史潮流沿着自身发展规律而不断演变。这种演变是社会生产力的发展和人们的交际需要所引起的。这种演变是积极的，是有重要意义的。不了解这点，往往会觉得难理解，甚而误解。举例来说，有些人对蝌蚪文有神秘感，其实这跟使用工具和色料密切相关：用竹杆点漆书写，竹硬漆腻，写不成行，以致头粗尾细，形似蝌蚪，不足为怪。现在有些人呼吁要恢复繁体字，不用简化字，其实许多繁体字原先就是简化字：麤简化为“塵”，现在再简化为“尘”，简而又简，便于使用。甲骨文时代，就出现简体，往后由大篆而小篆，由小篆而隶书和楷书，到了楷书阶段，字体基本上固定下来了。为了使用时书写快捷，还出现行书乃至草书。清代就有著名学者说用简体字抄书省工夫一半，今天写简体字是理所当然的，怎能反其道而行之?

前面说的“以形索义”只局限汉字的部分内涵,未涉及汉字的全部内涵。汉字研析的全局应是:

- 汉字(语素汉字与汉语单音成义特点相适应)
  - 制度(体系)——表意制
  - 符号
    - 构形(繁与简)
    - 体态(甲、金、篆、隶、楷、简——由笔意演变至笔势)
  - 造字条例——“六书”(造字法)

对汉字全局没有明确的认识,思路不清,论述往往出错。有鉴于此,作者特发专文《汉字的发展演变》(《语文论丛》1981 年第 6 期)、《论汉字发展的趋势》(《湖北大学学报》1992 年第 6 期)、《略论汉字与汉语的适应性》(英国《宏观语言学》,中英文对照,1993 年第 3 期),皆收入《许威汉语文研究文存》(中华书局,2008 年),可会参。

3.2 音训——因声求义(内在形式的利用)

前边说到的“以形索义”的方法是由汉字表意制特点决定的,而由于汉字的历史演变,形义关系往往模糊不清,甚至脱节,只是简单地、孤立地运用“以形索义”的方法,常易产生“望文生义”的失误。因此,从汉代开始,训诂学家就关心语言的声音因素,但由于缺乏音理的驾驭,穿凿附会很多。清代的戴震认为“故训音声相为表里”(戴震《六书音韵表序》),十分重视声音的重要性,“因声求义”成为十分重要的训诂方法。(按:溯源析流,音义关系早在《墨子》中就有过“声出口,俱有名”的说法,现代语言学说“声音是语言的物质外壳”。)“因声求义”比“以形索义”应用得更广泛，进而成为探求语义很重要的训诂途径。特别是乾嘉时期的段玉裁、王念孙、王引之诸学者，在古音学上取得重大成就，突破1700多年来重形不重音的观点，把训诂学推进到新的历史阶段。王力说“这是训诂学上的革命”。下面从原理到实际分条叙述。

3.2.1 词义和语音的关系

长期以来，词的意义和声音的关系在理论上没有得到系统的阐述。我们应该认识到音义关系的偶然性、约定性、回授性、延展性、类聚性、多元性以及“二号性”、人文性。

除了某些象声词以外，某个词义用什么声音形式来表达，都是偶然的。但是经过社会约定，在语言发展中，某个声音形式会对某个词义表达施加影响，产生回授作用。比如“大”字，为了表示“大之极”、“尊于大”，便改变原来的读音（字形上加一点是后来为了表示区别）。在开始的时候，“大”的读音是偶然的；当它约定俗成之后，就受到一定的制约了。这也就是说，“大”是“端”系的“定”母字，表示“大之极”的“太”便是“端”系的“透”母字。它由全浊变次清，由不送气音变送气音，但是都属于“舌”音。“回授性”是有理性，偶然性是无理性；而无理性一经约定，就有理可循。约定性在从无理性到有理性的过程中，起决定作用。未经约定，自然也就谈不上回授。与此同时，不同时代、不同地域某个词义的语音形式有所不同，在原有音义关系基础上表现出音义关系的延展性，这仍然可以从“大”这个词看。古今读音不同：古为全浊声母、今为次清声母，这是历史延展性；各地读音不同（如北京、上海、闽粤“大”的读音不同），这是地域延展性。表示“大”的意义不限于“大、太”，还有“弘、宏、洪”（同声）等，“京、景”（同声）等，“庞、丕”（同声）等，而它们又各自形成音义关系的系统，这是音义关系的多元性。还有，表达相同义素的一群词的声音往往相类聚，如“庞、丕”都表示大，就是一例。又如“莫、无、毋、亡、未、末、靡、罔、勿”这些否定词都是“明”母字，“不、匪、弗、非”这些否定词都是“帮”母字。这也就是说，上古否定词都是唇音字，表现出了音义关系的类聚性。过去许多学者觉察到这一事实，只是不曾进一步作理论上的概括，如戴震以为同纽之字义多相近，故作《转语》；近人刘赜撰《古声同纽之字义多相近说》；近人刘师培著《古韵同部之字义多相近说》。还必须看到，词是信号的信号，通过词的声音去掌握词义，这是音义关系的信号性（或称“二号性”）；语音用来表达语义，是物理现象、生理现象，又是逻辑现象、心理现象，其音义关系又具有人文性。

人们对音义关系认识尚有所不足，往往只提出音义关系的偶然性与必然性问题来讨论，举例繁复，而理论支柱脆弱。直到现在，还出现有位知名学者所提到的现象：有人写关于“音训探源”的书稿，还说“象”与“向”音同，“象”得音于“向”，意即大象走路直向前，以此证明音义联系的必然性。语言中的词，音近义通有其可能性，这是可以理解的。其所以产生这种可能性，是回授性等在起作用。如果把可能性说成必然性，就会在认识上陷入形而上学的泥坑，自然言不成理。

一样事物的特征用某一个音来称呼，在另外一样事物上可能有另一种特征和那种特征相类似，如果仅根据这一点就用称呼第一样事物的音来称呼第二样事物，这种凡音近则义通的片面的认识，则属常识性问题，不特方法论失误而已。有识之士不至有此疏漏。黄侃指出,“同音者虽有同义,而不可言凡”,他看到音近义通的可能性,但不视为普遍的必然规律,可谓真知灼见。

3.2.2 因声求义的条件与轨道

在声音与意义的联系中,形成了音同音近的字意义也相通的现象。这种音近义通的语言事实,成为音近义通的基础。合理运用因声求义方法,应该有音理和材料作为依据,因此因声求义的必要条件是:了解汉语语音的沿革,注重辨析字音中声、韵、调三种要素,研究声、韵、调在不同历史时期的分合异同,合理地整理古书中有关训诂实践的资料。这方面可参阅音韵专书,本书从略。拙文《古汉语语音学习举要》(《语林探胜》55—60页,中州古籍出版社,1997年)例说语音常识可先参阅,增加感性认知。现在只谈因声求义的轨道,主要是通假借、明方言和寻语源。

3.2.2.1 通假借

由于汉字不是表音文字,古人遇到忘记本字写法或者一时误会,常常借用或者错用另外声音相同或相近的字来代替,这样一来,字形和词义之间的联系被掩盖了,以形索义的方法便无法运用。通假借就是排除假借造成的形义分离现象,弥补由于形义联系被掩盖、以形索义的方法无法运用的不足,从而解决同音替代中的语义问题。比如“蚤起,施从良人之所之”的“蚤”、“颜渊蚤死”的“蚤”,都借为“早”。这类情况相当多。为把认识引向深入,现例析下列句子并展开作些交代。

害浣害否,归宁父母。(《诗经·周南·葛覃》)

“害”的一般意义,《说文》解释为“伤”,是伤害、祸害等意义,诗句的“害”与“伤”无涉。《毛传》:“害,何也。”这就是通假借的说法。在通假借过程中,要排除非通假字对通假字的干扰。例如“葡萄”在《汉书》、《后汉书》、《一切经音义》等古书中写成“蒲陶、蒲萄、蒲桃、末桃”等,它们都不是通假现象,而是外来词音译后的不同写法。借字是相对本字说的,音译的不同写法无所谓本字与借字。类比现代人“雨果”又译为“虞哥”、“普希金”又译成“普式庚”,能说哪个是本字、哪个是借字吗?又比如“逶迤”一词有几十种写法,有人也认为都是通假,这也是误会,其实它们都是不同写法的异体字。异体字离开上下文各自单独出现,仍然是异体字,通假字离开上下文各自单独出现便无所谓通假字。再如李时珍《本草纲要》说“葡萄可做酒,人喝之陶然而醉,故名”。这完全是牵强附会,硬把不相联系的说成有联系。当然,李时珍是生物学家,不是语言学家,我们不高要求,但作为语言文字工作者,就不应该生拉硬扯,随意牵合。

古书中常用的通假借概括起来看,大致有三种形式:

第一种是用本字释假字。比如:

> 虽则佩韘,能不我甲。(《诗经·卫风·芄兰》)
>
> ——韘 shè,用象骨或其他的骨做成的套在右手指上作为射箭时钩弦之用,后来也用为装饰。“佩韘”表示成年。

《毛传》释“甲”说:“甲,狎 xiá 也。”“甲”借为“狎”,《毛传》以本字“狎”释借字“甲”。“狎”是亲昵的意思。《经典释文》引韩诗也作“狎”。如果不是由通假入手,都不可通。

第二种是用借字释本字。比如:

今齐西之粟，釜百泉。（《管子·轻重丁》）

——釜，容量单位，六斗四升为釜。

注："泉，钱也。"古代货币原名为"泉"，后人有所不知，所以就用借字"钱"来释"泉"本字了。

第三种是用本字的意义释借字。比如：

秋日凄凄，百卉具腓。（《诗经·小雅·四月》）

《毛传》："腓，病也。"依《尔雅·释诂》："痱，病也"。《毛传》用痱的意义来释"腓"。若说成"腓，痱也"，则是用本字释借字，属第一种。《古汉语常用字字典》中"腓"的义项之一是"病"，了解它借作"痱"，就知其所以然了。（按："腓"的本义是胫后肌肉，俗称"腿肚子"。）

3.2.2.2 明方言

明方言是明确方言词声音变化的轨迹，解决方言中词义问题。比如：

凭（凴）不厌乎求索。（《离骚》）

——财物虽满，却仍追求不厌。

东汉王逸注："凭，满也。楚人名满曰凭。"此例可证前面讲到音义关系的地域延展性。试看

凭——並母，蒸韵，平声 ⎫
满——明母，元韵，上声 ⎭ 同属帮系唇音，声近义通。

3.2.2.3 寻语源

君子信盗，乱是用暴。（《诗经·小雅·巧言》）

《毛传》说："盗，逃也。"这要根据语境和当时社会背景才能如实理解。诗意是："君子（奴隶主对贵族的通称）宠信逃亡的奴隶，灾难祸害因此严重起来。"奴隶制时代，逃亡的奴隶叫

"盗"。《毛传》根据声音的线索推求语源,用"逃"解释"盗",考寻"盗"命名的由来。不寻语源,往往解释不出或解释不确。有本《诗经选注》(北京出版社版)这样解释:"盗,强盗,指谗人。"不便人们确切理解。

最早运用声训寻语源的专书是东汉刘熙的《释名》,它有不少可取之处,但缺乏音理的驾驭,穿凿附会的说法不少,比如说"痔,食也,虫食之也"就是一例。时至当代,前面说过,北京有家出版社的老编审和笔者谈起有位作者的书稿中说:"象,向也,大象行走直向前。"类似情况还有一些。这与语音、语义关系的认知有关。历来对语言音义的关系的认知,常纠缠于必然性与随意性或偶然性的争议,坚持音义关系的必然性的认知,常以象声词为例说理,殊不知语言属第二信号系统,有些象声词是杂入第一信号系统的,这用巴甫洛夫的第二信号系统来观察,事实就很清楚。其他各类词的词义,妄加附会其必然联系,人们不会认同。

3.3 义训——不借助形、音而直接解释词义

《尔雅》一书就是用这种方法释义的。现代字典、词典广泛运用这种方法。义训有多种类型:常见于《说文》、《尔雅》等书。

3.3.1 同义词训释

3.3.1.1 同训

用一个词去解释若干义同义近的词。《尔雅》就多用这种方法。比如:

遹、遵、率、循、由、从,自也。(《尔雅·释诂》)

乔、嵩、崇，高也。（同上）

《尔雅》依训释内容分为十九类，有人列表示意：

《尔雅》	释诂、释言、释训——普通词语		
	释亲——家族关系	社会生活	百科名词
	释宫、释器、释乐——日常生活	社会生活	百科名词
	释天——天文	自然万物	百科名词
	释地、释丘、释山、释水——地理	自然万物	百科名词
	释草、释木——植物	自然万物	百科名词
	释虫、释鱼、释鸟、释兽、释畜——动物	自然万物	百科名词

《尔雅》在中国语言学史上有重要地位，它是研究先秦词义和阅读古书的重要参考书。早在汉代，班固《汉书·艺文志》就说过读《尚书》应读《尔雅》，它保存了汉语早期的通语和方言的不少词义和词汇。尽管它在宋代以前的相当时期内，经过人们增补和改动过，难免有不足之处，但仍不减其先导的价值。

3.3.1.2 互训

互训是同义词相互训释，《说文》："老，考也。""考，老也。"这种用意义相同或相近的词相训释，往往显得简明扼要。这种互训方式《尔雅》中已出现，如"宫谓之室，室谓之宫"，《说文》则更大量出现。下面再举些《说文》中的词例：

吹，嘘也；嘘，吹也。　　追，逐也；逐，追也。

讽，诵也；诵，讽也。　　辽，远也；远，辽也。

歌，咏也；咏，歌也。　　排，挤也；挤，排也。

奉，承也；承，奉也。　　呤，呻也；呻，吟也。

意，志也；志，意也。　　杀，戮也；戮，杀也。

这类互训单词，后来逐渐结合成复词。如：吹嘘、讽诵、歌咏、奉承、意志、追逐、辽远、排挤、呻吟、杀戮。这样，意义互相制约并趋于凝固而更明确。这类复词《左传》里已经相当多，直到现代，更广泛使用。这类复词，意义互补，制约了词义的模糊性。模糊性是语言的本质属性，词义的训释和认识尤其值得重视，他处实例同此。

3.3.1.3 共训

前面例析的是甲、乙两词互相训释，接下来再看甲、乙两词共用丙训的实例：

> 琱，治玉也；琢，治玉也。（共用“治玉”训释）
>
> 冷，寒也；溧，寒也。（共用“寒”训释）

这类共训词后来也结合成复词“琱琢”、“冷溧”。

3.3.1.4 递训

此外，还有甲用乙训而乙又用丙训的，人称为“递训”：

> 诽，谤也；谤，毁也。（“诽、谤、毁”递相为训）
>
> 祸，害也；害，伤也。（“祸、害、伤”递相为训）

这类递训词后来也结合成复词“诽谤”、“毁谤”、“祸害”、“伤害”。递训词能产性（结合成复词）强，且功能灵活，如“至深惶恐”、“恐惧万状”、“诚惶诚恐”、“惶惧有加”等。

同训、互训、共训、递训的共同基础是意义相同相近，不同点在于它的表述上。现比较如下：

共训

“冷，寒也”；“溧，寒也”。（“冷、溧”共以“寒”训）

同义为训　同义为训

互训

"歌，咏也"；"咏，歌也"。（"咏"训"歌"、"歌"训"咏"）

同义为训　同义为训

递训

"祸，害也"；"害，伤也"。（"害"训"祸"、"伤"训"害"）

同义为训　同义为训

不属共训、互训、递训

"疲，劳也"；"劳，勤也"。（"劳"训"疲"，"勤"不训"疲"）

同义为训　同义为训

另外有人把用一个义同或义近词直接去解释另一个词，径称为"直训"，如"亚，次也"；"宅，居也"，知有此说便可，无多烦涉。值得注视的是有所谓"反训"，有必要多说几句。

3.3.1.5　反训问题

什么是"反训"呢？《辞海》："用反义词来解释词义。有些词在古代含有相反的两义，如乱字有'治理'、'紊乱'词义，后世只通行'紊乱'一义。"怎么会出现这一情况呢？人们不知其所以然。历来说"反训"，多半是描写性的，说理就嫌不足。其实，如果偏要确认"反训"的旧说，自是言不成理了。

我们知道，语言中向来存在着词义向相反方向引申的现象。《说文》："副，判也。"段玉裁注："训诂中如此者至多"，正概括了词义正反引申的普遍性。许多语言事实充分证明了这一词义规律："资"本义是财物，而财物是用来进行交易的，交易时财物则有往有来，所以“资”既引申为“取”，又引申为“与”。如《考工记》：“或通四方之珍异以资之。”郑玄注：“资，取也。”《战国策・齐策》：“太子何不倍楚之割地而资齐？”高诱注：“资，与也。”“资”的“取”和“与”的引申义正相反。又如：《方言》卷二：“苦，快也。”郭璞注这与“治为乱”情况相同，视为反训。《方言》卷三也说“宋郑周洛韩魏之间曰苦……自关而西曰快”，不同方言说法相反。（按：上古“快”只作“高兴、痛快”讲，今天熟语还说“大快人心”。）这跟“反训”不相干。再如枚乘《上书谏吴王》“马方骇”的“骇”是受惊的意思，同“骇人听闻”的使人听了震惊的意思相比较，从而说是施受同词的“反训”，也是不妥的。

关于“反训”的说法，认识颇不一致，要说的话较多，可另参郭锡良《汉语史论集》增补本（商务印书馆，2005 年），笔者编著的《训诂学读本》（上海交通大学出版社，2010 年）412—418 页详载郭锡良先生和读者商讨的内容，也可参阅。

3.3.2 义界及其他

义界也是义训的一种。有学者认为：凡以一句解一字之义者，即谓之义界。这是从形式上相对互训以一单词释另一单词说的，而且使人觉得话没有说完，好像义界即“句训”似的。另一位学者认为：“义界就是给词下定义”，义界与定义等量齐观，没有揭示义界实质，也没有揭示定义实质。陆宗达《训诂简论》对义界加以阐发，说“用一句或几句话来阐明词义的界限，对词所表示的概念的内涵作出阐述或定义，这种方法叫做义界”。陆说较全面严密。

设义界是为弥补同义词相释的不足，使词义趋于明确化。

比如“宫中之门谓之闱，其小者谓之闺，小闺谓之阁”（《尔雅·释宫》）；“蓑，草雨衣也”（《说文·衣部》）。义界也有连用于互训之后而使词义训释明快而具体。比如《说文·老部》说“老，考也。七十曰老”。义界不仅能阐明本义，而且能辨析意义相近的同义词。《说文》段注就或用经注，或以义界方式对需要辨析的同义词加以申说，补互训义的不足。比如“国”下注说：“按邦国互训，浑言之也。《周礼》注曰：‘大曰邦，小曰国。’邦之所居亦曰国，析言之也。”

同义词属词汇学范畴，同类词属形体学范畴，由同一偏旁组成的一组意义上有联系的同类词之间的差别，亦可用义界展示。比如《说文·衣部》：“被，寝衣，长一身半。”“衾，大被。”《说文·行部》：“行，人之步趋也”（原始意义当是十字路）。“術，邑中道也。”同类词词群中有好多个词，一般都可以用义界训释。

不过应该再指出，义界可以用定义式的，但义界不能和定义划等号。定义有它自己的规则。比如：

神，天神引出万物者也。（《说文·示部》）

以定义项“神”包括被定义项“神”，犯循环定义之弊。

达，行不相遇也。（《说文·辵部》）

定义项用了“不”，犯用否定形式下定义之弊。

道谓仁义也。（《礼记·乐记》）

以外延较小的狭义述外延较宽的广义，犯定义过窄之弊。

男子先生为兄。（《尔雅·释亲》）

若离开特定语境而单独出现，则先出生的不都是兄，犯定义过宽之弊。

兕似牛，犀似豕。（《尔雅·释兽》）

用两种相似的事物相类比，犯以比拟方法下定义之弊。

以上种种情况，现代著名学者也难免。比方说，有位学者给词义的引申下了一个定义："类似假借而其实不然者，时曰引申。"说"类似假借"是比拟说法，"其实不然"是否定形式，都不合逻辑要求和规定。同时，由于主观认定如此，却又觉得拿不稳，遂以"时曰"的口吻加以回避，这也是不符合论述的逻辑要求的。这类现象还很多，曾有位几乎一生从事文字工作的学者说"写字就是尖端与平面的摩擦"，一味刻意求新，而又词不达意，同时犯了定义过宽的毛病，即便说它是义界，也嫌不伦不类。

前边过论的几种训诂方法，为语词训释做出重要贡献，自不待言。历来的文献材料训释足以说明这一事实，本书仅略提示而已，其间不足之处，不省笔墨，也着重指出。其所以不足，有学科自身的局限和学者们思想的禁锢问题。对于这些我们应有清楚的认识。传统训诂学的主要目的是为经学服务，局限是崇古，尊经与崇古互为因果。在这一思想指导下，词语的训释拘守成规，举步不前。俞樾不为成说胶固，便"发古今未有之奇"（刘师培）"梯梁来学"（马叙伦）。《尚书·多方篇》"尔曷不夹介乂（yì 安定、治理）我周王"，《枚传》解为"近大见治于我周王"，俞樾指出《枚传》此解"不辞"。他加了按语说："夹、介，一义也。《一切经音义》引《苍颉》曰：'夹，辅也。'《尔雅·释诂》曰：'介，助也。'夹介，犹言辅助。《枚传》以为'近大见治于我周王'，则不辞矣。"视《十三经注疏》孔颖达疏："夹，近也，汝何不近大见治于我周王。""夹"训"近"，"介"无训，估计以“夹”寓“大”之意，句解为“汝何不近大见治于我周王”，同样“不辞”。《尚书》从汉代孔安国传（暂不讨论孔传《尚书》之真伪）、唐代孔颖达疏，都强为之说解。清代阮元校勘记，未曾提及此。历世陈陈相因，不求确解。这样解经，真会像荀子所说的那样：“没世穷年，不免为陋儒而已。”推而广之，统观《十三经注疏》，不求确解或不求甚解的实在多见。历来有识之士弥众，为什么不少人陈陈相因呢？这往往是禁锢于“疏不破注”，信守古注，不立新解，引致将误就误。时在当代，我们应该清醒，如实对待。

“疏不破注”这一信条，在释词解句方面常有体现。

传统训诂学类似拘泥的其他说解，同样都应明鉴。现在有些训诂学书对《说文·古部》“古，故也”的训释有这样一些（出处从略）：

古，故也 {
- 用同音字释义（声韵同，调不同）。
- 用声旁和形声字相训释。
- 用声子（故）释声母。

这样的训释，彼此仿效，看不出其实际价值。

训诂方法在形训、音训、义训之外，当然还有其他的，如透视语境、比勘互证、推辨词例、考寻理据、察孳乳究引申等。这些在别的书中常多有涉及，兹从略。

形训、音训、义训等已分别例说，现综合运用，示例如下：

例一：关于“俊”与“隽”

“俊秀”与“隽秀”用于交际，意义相同，约定俗成。然溯源析统，“俊”与“隽”同中有异，不当画等号。

俊，许慎《说文解字》说“俊，材千人也（按：过千人）；从人，夋声”，本义是才智出众的人。它的引申义有出色、卓越、英武、雄健、漂亮、秀美等；又引申有大的意思，如“时有俊风”。大戴《礼记·夏小正》便谓“俊者，大也”。现在较多用来表述相貌俊美。起初，“俊”在北方方言中用得较多，带有方言色彩，往后南方方言也用开来，并为汉民族共同语所吸收，常构成“英俊、才俊、俊秀、俊俏”等复词。“俊杰”也常用，它既保留本义，又寓引申义。至于古书中“俊”借用为“舜”（用作帝名），《山海经·大荒东经》郭璞注云“俊亦舜字，假借也”，这与“俊”的本义、引申义无涉。

雋，许慎《说文解字》说“肥肉也；从弓所以射”。段玉裁注：“鸟肥也；从弓隹，弓所以射隹。”段注专指为“鸟肥”，并加了“弓隹”二字，明“雋”从弓从隹构形；再在“射”后加“隹”字，示用弓射隹之义。许说苟简而义晦，段注语明而理顺。“隹”是短尾鸟的总称，后世辞书缘肉肥连叙味美以释，“雋”的美好意义随之生发，引申为才智出众，说成“英雋”。“雋”俗写为“隽”。“雋、隽”多半用来称述人。“雋永”连用则指文辞含义深长，不读 jùn，而读 juàn。由于“雋、隽”多半用来称述人，遂加“人”旁，写成“儁、儁”。这样一来，“雋、隽”、“儁、儁”遂视为一组异体字。

现在有些辞书把“俊”和“雋”等同起来看待，有失严密。原先“俊”的本义就是才智出众的人；“雋”的本义不是才智出众，“雋”的引申义方是才智出众，而引申义的义项不及“俊”的义项多。“俊”和“雋”是一组同义词，属词汇学范畴；“雋、隽、儁、儁”是一组异体字，属文字学范畴。了解语词，重在别异，《辞源》及其他类似辞书混说“儁”是“俊”的异体字，无法历史地、客观地、全面地展示语言事实。

例二：关于“微”的读音

《诗经·邶风·式微》这首诗很短，只有两章八句：

式微式微，胡不归？微君之故，胡为乎中露？式微式微，胡不归？微君之躬，胡为乎泥中。

人们对这首诗的解释从汉代到现在一直没有统一起来。最大的分歧在于“式微”两字上。种种分歧暂且不说，只谈一下当代著名学者余冠英对“微”的注释：“‘微’，读为昧。‘式微’就是将暮。”（《诗经选译》第32页）余冠英的注音和释义都是正确的。可是一位学者对余冠英的注音提出异议，说：“微字读昧，经传无证。《广韵》微为‘无非切’，在微纽；昧为‘莫佩切’，在明纽。”其实这位作者混淆了上古音和中古音了。在《诗经》时代，“微”也是明母字，中古以来读音便不同了，成了微母字。这种鼻声母分化是古代语音演变的一条重要规律。这位作者没有了解和运用这条规律，随意拿后世的读音去比照《诗经》的读音，显然不当。至于用“经传无证”来证明“微”不能读“昧”，本身也无说服力，因为读音正确与否应该根据语言内部规律来认识，经典有无出现过同样的用例，则是次要的。只要符合语音规律，即便经典中未见佐证，也应该是正确的。

例三：关于“爱”的隐义

爱而不见，搔首踟蹰。（《诗经·邶风·静女》）

“爱”字，郑玄解为“如字”（依原字读解），王力主编的《古代汉语》不加注，自然是同意郑玄的说法。另外不少注释本解为“隐藏”一类的意思。以“爱”训“隐”为妥。从音理上看，有许多"影"母字，往往表示黑暗或隐蔽的意思，如"阴、荫、幽、隐、暗、影、奄(掩)、翳、烟"等都是影母字，就都有暗、隐义，"爱"也是影母字，就有可能具有隐的意义。由于"爱"有隐义，以"爱"为声旁的"僾、薆、篓"一样具有了隐义。同理，"暧，叆"也用"爱"为声旁，它们便都含暗隐义。如《广韵》释"暧"为"日不明"，《说文》释"叆"为"蔽不见"，便是实例。

按，作者从"影"母字训"爱"为"隐"之后，偶见郭在贻也从"影"母字训释。谁先谁后，未经查考。不过由此表明一个事实：从"影"母字视角训释是较科学而可靠的。

例四：关于"齐天太圣"

鲁迅在1934年12月20日《致杨霁云》的信中说："我以为一切好诗，到唐代已被做完，此后倘非能翻出如来掌心之'齐天太圣'，大可不必动手，然而言行不能一致，有时也胡诌几句，自省殊亦可笑。"这句话里的"齐天太圣"，1981年版的《鲁迅全集》注释为："原作'齐天大圣'，即孙悟空。"而查看鲁迅手稿，却本来写成"齐天太圣"，注释者所谓"原作"的说法，并无依据，大概是因为注释者只知道《西游记》里边说的是"齐天大圣"，便主观断定"齐天太圣"就是"齐天大圣"了，而没有体会鲁迅笔下这一"太"字的真正含义。"太"与"大"所表示的程度是不一样的："大"只表示一般大小的大，"太"则表示"大之极"，"尊于大"。鲁迅称说的"齐天太圣"，意思是表示本事比"齐天大圣"还要大，大到真的"能翻出如来掌心"的程度。这是鲁迅根据"齐天大圣"作进一步的表述，用戏称以达其意。如果不能准确理解鲁迅原意，就不免以为是鲁迅的笔误，而强为之说了。

上面这个例子跟训诂学这门学问有什么直接联系呢?

这关系到训诂学上的同源词问题。上古只有“大”字,没有“太”字,为了表示“大之极”、“尊于大”,就改变读音来加以区别。语言最先是有声的语言,从“大”分化出“太”,正是由声音开始的,即从全浊的“定”母变为次清的“透”母。从语音上看,“大”与“太”是同源词。从语音上了解“大”与“太”的同源关系,训诂学上叫作“因声求义”,也就是“推原”或“推因”。后来人们为了从文字上把它们区别开来,就在原来的“大”下面加了一点,形成了“大”与“太”的一对“区别字”(清人或叫“分别文”),为古今字的一种。从意义上着眼,“大”与“太”则为近义词,属同义词范畴,是由于词义的引申而分化出新词的结果。

运用因声求义的方法和通过“推原”或“推因”的方式考察“太”“大”的同源关系,了解“太”乃“大之极”、“尊于大”,那么由此及彼,触类旁通,可以进而了解成片语言现象的有关含义,诸如“太庙”、“太学”(原先字形仍写作“大庙”、“大学”,其读音则为“太”)、“周太王(称周文王的父亲)”、“太上皇”、“太子”、“太孙”、“太叔”、“太弟”等都不难理解。明太祖为使嫡长孙惠帝继承权不致旁落而先立他为皇太孙,正是对语言中“太”的“大之极”、“尊于大”的意义的利用。“大”与“太”在字形上虽只是一点之差,读音上只是送气与不送气之别,而实际上却关系到对文章内容及历史事件的确切理解。

例五:关于《西伯戡黎》

西伯是周文王,黎是商王纣的属国。在周王的军队战胜黎的时候,纣的臣属祖伊劝说纣王注意政事。纣王的史官记录了祖伊和纣王的对话，这次对话的记录就是名篇《西伯戡黎》。它是《尚书·商书》中的一篇，记录了当时殷代的政治状况和君臣的思想动向，有很高的史料价值。原文如下：

> 西伯既戡黎，祖伊恐，奔告于王。曰："天子！天既讫我殷命。格人元龟，罔敢知吉。非先王不相我后人，惟王淫戏用自绝。故天弃我，不有康食，不虞天性，不迪率典。今我民罔弗欲丧，曰：'天曷不降威？'大命不挚，今王其如台？"
>
> 王曰："呜呼！我生不有命在天！"
>
> 祖伊反曰："呜呼！乃罪多，参在上，乃能责命于天？殷之即丧，指乃功，不无戮于尔邦。"

这篇文章旧注可疑之处甚多。今仅就其中数处参照周秉钧《尚书易解》有关的见解质疑于后：

"祖伊反曰"的"反"历来解释为"回去(返)"，是不妥当的。试想"祖伊恐，奔告于王"，原先爱国感情何等真切！祖伊见了纣王，忙说天命人心都已不倾向于殷，劝王不要淫戏，而要正视现实，采取有益措施，又多么直言敢谏！结果纣王还是执迷不悟，反说"我生不有命在天！"祖伊此时此刻果真不再说什么，只是回去后说了几句责备纣王的话，显然不近情理，也不符合祖伊的性格。祖伊说"乃罪多"、"指乃功"、"戮于尔邦"的"乃"和"尔"这两个第二人称代词明明是当面称代纣王的，不应是祖伊回去后责骂纣王的说法。可见"反"不能解为"回去(返)"。"反"的合理解释应该是"反对"。《周书·大诰》"罔不反曰"句，郑玄解释为"无不反我之意"，这里的"反"正是"反对"的意思，跟"祖伊反曰"的"反"含义一样。把"祖伊反曰"的

"反"解释为"反对",就态度鲜明,符合祖伊的性格,也切合当时的实际,并与祖伊说话中"乃"、"尔"的称谓相照应。

"乃罪多"的"罪"旧注为"罪恶",也不恰当,应是过错、失误的意思。《孟子·公孙丑》"此则寡人之罪也"的"罪"、《史记·魏公子列传》"自言罪过"的"罪",都是过错、失误之意,"乃罪多"的"罪"也宜作同样的理解。事实上祖伊不可能当面责骂纣王罪恶,只能指出纣王的过错、失误而已。

"参在上"旧注为"参列在上天","参"作"参列"解释,也是错误的。"参"繁体作"參","參"即"厽"(《玉篇》引用本句时写作"厽"),后又作"絫","力轨切,……从厽从糸,厽亦声"(王筠),义为"儽"(《说文》"儽,垂貌"),懒懈之意。依此,"参在上"即"儽在上",懈怠在上,是针对上文"惟王淫戏用自绝"说的。祖伊进谏,旨在指出纣王的失误,希望改正,"参在上"释为懈怠在上,更能表明祖伊进谏的意图。

"不无戮于尔邦"的"戮"旧注为"刑戮",解为被砍杀、消灭、祸害。其实"戮"即"勠",是"戮力"、"勠力"(努力)的意思。《左传·昭公二十五年》"戮力一心"的"戮力"、《汉书·高帝纪》"勠力攻秦"的"勠力",都跟"勠于尔邦"的"戮"意思一样。这样,"不无戮于尔邦"可解为"不要不努力于你国家的政事"。这样就更体现了祖伊的语重心长,更能点明他进谏的主旨。

通过以上疑点的例析,《西伯戡黎》暂且作如下的理解:

> 西伯已战胜了黎国,祖伊恐惧起来,连忙跑去报告(纣)王。说:"天子!天已经终止了我们殷国的命运。深知天命的人用大龟占卜也没能知晓吉兆。这不是先王不保佑我们后人,只是因为王沉湎于酒色娱乐之中而自绝

于先王！因此，上天抛弃了我们，降下了灾荒，使我们不得安宁，没有饭吃，不能娱乐天性，无法遵循旧典常规。现在我们的臣民没有不希望王灭亡的，(他们)说：‘上天为什么还不降下惩罚来呢？’天命还没有下来，现在王将怎么办？”

王说：“唉！我的生存和生活难道不正是命定的吗？——命运早由天注定了。”

祖伊反对说：“唉！你的过错、失误很多，身居上位而懈怠，还能指望于天吗？殷商就要灭亡，快指示你的政事，不要再对你的国家不努力了。”

《西伯戡黎》是一篇很有价值的历史文献。它反映了殷王朝末年纣王淫戏懈怠，人民希望纣王丧亡的情况，还反映了“天曷不降威”的反抗呼声，尤其重要的是反映了祖伊的进步思想。纣王在周王军队战胜黎国，情况十分危殆的时候，仍然相信天命；祖伊虽然也相信天命，但他认为天的意志是由人事决定的。祖伊说：“非先王不相(帮助、保佑)我后人，惟王淫戏用自绝。故天弃我……”祖伊还认为天意不但由人事决定，而且可由人力来改变。祖伊说：“指乃功，不无戮于尔邦。”这就是说要靠自己努力。这种主张努力于政事，尽力于国家，反对淫戏，反对懒惰懈怠的积极思想，是应该予以肯定的。

但是，遗憾的是，本文由于被历代注释家误解了，祖伊的进步思想没有得到后人应有的重视。本文也是一篇关于“力命”之争的好史料，由于注家歪曲了“力”的一方，后人也忽视了它，历来思想史上都没有提到它。本文也是一篇较早的对话体文章，由于注家误解了它的后边的一段文意，也就成不了完整的对话文体了。

例六:关于“吹牛”“拍马”

著名史学家顾颉刚这样说过:“好夸大者谓之‘吹牛皮’,善逢迎者谓之‘拍马屁’,此谚遍行于全国;惟皆人云亦云而不详其本义为何。”(见顾著《史林杂识》)事实确是如此。“吹牛皮”、“拍马屁”,大家听惯了,却很少知道它们的来历和本义。顾颉刚经过实地考察,了解到甘肃、青海用牛羊皮做成袋子,吹气后联结为筏子,以充当水上行驶工具的情况,人们才知道“吹牛”是怎么回事。(按:筏子有木做或竹做的,也有用牛羊皮、橡胶等制造的;皮做的叫皮筏)顾颉刚又说:“水上为筏,陆行为骑。西北……中产之家皆畜马,视为第二生命。……平日牵马与人相逢,恒互拍其马股曰:‘好马!好马!’……本无谄媚之嫌。迨相沿既久……贱人见贵人,贫者见富人,自惧力不胜而受侮,则有不择其马之良否而姑拍其股者,曰:‘大人之好马!’”从这一叙述中,人们才知道“拍马”是怎么回事。

类似“吹牛”、“拍马”的本义不为人所知的现象是相当普遍的。自汉代以来直到现在,方言俗语的训释虽然有过一些,但数量很少,人们也对它重视不够。日本汉学家青木正儿在20世纪30年代中期说:“然至近世俗语文学之训诂,则还在赤贫如洗的状态。”(《中国文学概说》第10页,重庆出版社,1982年新版)从20世纪40年代后期直到现在,陆续出版了一些书,反映了方俗词语研究方面的成果,固不能说是“赤贫如洗”了,但数量毕竟不多。就连上述“吹牛”、“拍马”之类已被吸收到共同语里来的方俗词语的本义来历尚不都为人所知晓,其他更不必说了。

例七：关于外来语

上古汉语中就有外来词，这可以“剑”为例。《史记·周本纪》有这样的记载：“武王自射之，三发而后下车，以轻剑击之，以黄钺斩纣头，县大白之旗。”这里的“轻剑击之”，张守节《正义》说：“《周书》作‘轻吕击之’。‘轻吕，剑名也。’”（《史记》第124、125页，中华书局，1982年）这“轻吕”，郭沫若《两周金文辞大系考释》下编说是匈奴的“径路”，即“径路宝刀”。另有学者说“剑”起源于突厥语。这些说明剑这种武器是从西北来的，原是音译词。作者按，古音“见、来”声母字常两读，有时或分或合，如“各”，“见”母入声；用为声符“洛”，“来”母入声。“径路”分读为“见、来”母字，汉字则用“见”母字记录为“剑”。《说文》说：“人所带兵也，从刃金声。”形声字“剑”的原始含义从此模糊。“剑”本外来词，由于时代久远，我国民间的“剑器”和“剑”混同，清代桂馥《札朴》卷六：“姜君元吉言，在甘肃见女子以丈余彩帛结两头，双手持之而舞，有如流星，问何名，曰剑器也。乃知公孙所舞即此。”（第178页，中华书局，1995年）如此说可信，现代舞台上公孙大娘弟子舞剑器（语出杜甫诗《观公孙大娘弟子舞剑器行》：“昔有佳人公孙氏，一舞剑器动四方”），不但单剑舞，而且双剑舞，便是望文生义了。穷幽极微，“剑”有望文生义之嫌，而“有如流星”的名为“剑器”，这“剑器”是否另属贵州一带少数部族语或方言（古时方言也含指少数部族语）的习用语词呢？由此引出另一训诂课题来了。不过这仍属外来语探究范围。

知名学者张舜徽撰写的《说文约注》说“纰今俗称毛织品为哔叽，当以纰罽为本字”。时过几年，将人杰《说文解字集注》说"哔叽"是法语 beige 音译外来词，英语、德语的拼法与法语相同，而且它是一种特定的毛织品，并非泛称的毛织品，说"纰缬"是本字，无所根据。还有汉代名医华佗真姓名为华旉（fū，古时的敷字），因医术高明，民间取梵语"阿加佗"（药神）的"佗"音来比附，尊为药神，真名反而不为人所知。（陈寅恪对此有过考证，见《文史知识》1983 年第 12 期）借来的词要受本民族语言内部规律的制约，久而久之，人们不易觉察，这也是很自然的事。

外来词，相对地说，知其然容易，亦无深究必要；知其所以然较难，常得明其来龙去脉，且非一般训释所能解惑。拿地名来说，"哈尔滨"来自满语，是"晒网场"（建城之前，满族渔民常在此江边晒渔网）的意思；"吉林"来自满语，为"吉林乌喇"的简称，是"沿江"（"江"指松花江）的意思；"呼和浩特"来自蒙古语，是"草原之城"、"春色之城"的意思；"青海湖"来自蒙古语（蒙语叫"库库诺尔"），简称"青海"，即"青色的海"的意思；"拉萨"来自藏语，是"圣地"的意思；"乌鲁木齐"来自维吾尔语，是"美丽的牧场"的意思；"克拉玛依"来自维吾尔语，是当地有黑色原油的意思。这些，知道词原先含义便可。至于有些外来词非明其究竟难以获得确解的，当得探索以明之。比如《西游记》里的唐僧叫唐三藏，这"三藏"不仅是外来语的说法，而且有了引申义，不了解其原始含义，是不易解释清楚的。原来佛教把记录佛语的书叫"经"，对"经"的解释叫"论"，戒规叫"律"，合起来叫"三藏"（藏 zàng 指收藏的筐箧，用为佛教经典总称），进而为对精通经、律、论的人的尊称，这种尊称就成了引申用法了。这如果不从外来用语着眼去考察，那么不管利用词的外在形式(以形索义——形训)还是利用词的内在形式(因声求义——声训),都不可能得到合理的解释。不言而喻,训诂学的局限由此可见一斑。传统训诂学最大的局限是"崇古",成为经学附庸。最初的目的是在于通经,后来范围扩大,也不过限于"明古"。先秦的词义几乎成为训诂惟一的研究对象,后来方言的研究也不过是为古词义找些证明而已。不妨说,尊经与崇古是密切地联系在一起的——通经的目的决定了崇古的局限。尽管外来语大量融入汉民族共同语,传统训诂学是熟视无睹的。外来语,包括数量甚多的佛教词语,对汉语发展的影响很大,应该引起学者们足够的重视。

例八:关于忌讳、委婉说法

王力在《新训诂学》一文中谈到:"关于语义的演变,依西洋旧说,共有(一)扩大、(二)缩小、(三)转移三种方式。……除了上述的三种方式之外,还有一种特殊情况是三式之外的,就是忌讳法。"

自上古不属为人。(《史记·西南夷传》)

"人"似乎不好理解,但联系一下历史事实,不难发现"人"应作"民"来理解,即"自上古不属为民",因避唐太宗李世民的"民"而改作"人",他处"生民"改成"生人","三世"变成"三代"。为避唐高祖李渊讳,用"渊"的地方都改用"深"或"泉"。为避唐高宗李治讳,该用"治"的地方都改用"理"。为避唐玄宗李隆基讳,"隆州"改为"阆州","大基县"改为"河清县"。

忌讳由来已久。远在周代初期,周公旦不敢称他的哥哥武王"发"的名,便称"某"。秦始皇名"政",改"正月"为"端月"。吕后名"雉",改"雉"为"野鸡"。汉宣帝名"询","荀卿"

就改为“孙卿”。汉武帝名“彻”，“蒯彻”就改为“蒯通”。汉光武名“秀”，“秀才”就改为“茂才”。汉明帝名“庄”，“庄光”变成了“严光”，“治装”就变成“治严”，“妆具”变成了“严具”。为避曹操讳，“杜伯操”变成“杜伯度”。为避杨行密(唐末著名政治家，后被追尊为五代十国时期吴国武皇帝)讳，扬州人把“蜜”叫成“蜂糖”。

古时，对于亲属长辈，也要避讳。别人不知道某人长辈的名而当面说出长辈的名来，后辈会痛哭流涕，感到伤心，甚至看作耻辱，终身不忘，必欲报复。唐代跟李贺争名的人还借李贺父名“晋肃”为由，说李贺不该考进士，结果李贺就没有去应考。韩愈为此鸣不平，作《讳辨》，说“若父名‘仁’，子不得为‘人’乎！”韩愈的话一针见血，是切中时弊的。

到了后来，朋友之间也不叫名，只称字，以示尊敬。

过去的诨名、诨号也跟忌讳有关。比如“呼保义”(宋江)、“智多星”(吴用)等，固然也是人物特征的体现，但开始的时候多少也带有避忌称名的意思。

王力《新训诂学》一文还提到人们对所厌恶的事的忌讳。比如广东一些商人忌讳说“蚀”，就把“猪舌”说成“猪利”，“牛舌”说成“牛利”。商人和赌徒，忌讳“干(乾)”，把“猪肝”说成“猪润”。有些地方，赌徒忌讳“输”，把“书”叫作“胜”；有些地方忌讳“血”，把“猪血”称为“猪红”。又，作者尝闻袁世凯怕人说“元宵”(有恐“袁世凯被取消”)而要人改说“汤团”之举。

说到忌讳的产生，人们往往只提到与礼制、宗法、习俗有关。其实，这“有关”不是本原；其他民族也有某些忌讳(只是不像汉民族这么突出而已)，就不能够都同样用“礼制”等来解释。何况处于原始状态的部落，他们也有特定的忌讳，这显然不能单纯用礼制、宗法之类来解释了。

那么产生的本原是什么呢？应该说，忌讳是从很远的时代遗留下来的原始禁忌的一种。原始禁忌是原始人的一种信仰，这种信仰产生的原因，是原始人对物与主、名与物、象征与实在常分辨不清，对生物与无生物区别不清的缘故。这才是忌讳产生的本原。正因为这样，各民族都有这样那样的忌讳；而汉民族忌讳极其突出而频繁出现，这才多与礼制、宗法、习俗有联系。

至于委婉语要特别重视其内核含义。

在封建社会中，由于人群地位（如爵位、官职）、场合（如廷议、外交乃至军事）等种种因素，人们说话往往不直截了当，用上一些客套，有时一个简单的意思却加上了许多拐弯抹角的话，要不是细心揣摩领会，会理解错。因此，有必要对古籍中的敬词、谦语和一些委婉的表达方式作些提示。相对地说，敬语、谦语较易领会，委婉语得多费点神。较易领会的敬语、谦语暂且不说，只提委婉语：

> 子反曰："如天之福，两君相见，无亦唯是一矢以相加遗，焉用乐？"（《左传·成公十二年》）——子反，楚大夫；加遗（wèi），送给。句意是：子反说："如果老天降福，晋楚两君相见，也不过以一矢相送，哪里用得上音乐？"

战争是祸事，而饰之以"如天之福"；不说交战，而说成"一矢以相加遗"，火药味十足，而装点蕴藉大方，说得文雅而娓娓动听，什么"焉用乐"也说出口，其傲态锋芒却自露，传达了踌躇满志、以胜利者自居、蔑视对方的心声。

例九：关于词义历史发展性

王力在《关于古代汉语的学习和教学》一文中说了这样一些话：

有位教授引过《韩非子·显学》里面的话："故明据先王，必定尧舜者，非愚则诬也。"可是这位教授却把"非愚则诬"解释为："不是愚蠢，就是诬蔑。"这就错了。他不知道，在上古汉语里，这个"诬"字不当"诬蔑"讲，而当"说谎、说假话"讲。韩非子的主要意思是说，古代所谓尧舜的事，不会是真的，那么你肯定尧舜的事是有的，你不是愚，就是诬。"愚"是"愚蠢"，"诬"是"说谎"。这就是古今词义的不同……这个就是所谓历史的观点。对于我们读古文来说很重要。有些人常常拿现代汉语解释古代汉语，就常常造成错误。

类似现象不是个别的，比如：

王犹不堪，况尔小丑乎！（《国语·周语上》）

"丑"是"类"的意思，不是后代说的"丑角"。"小丑"即"小类"，即指没有地位的小辈。《尔雅》"凫，雁丑"，意思是说：野鸭（水鸭）是雁的同类。其他像"汤武革命，顺乎天而应乎人"（《易经》）的"革命"是改换天命的意思，古今含义不同，且语法结构单位也不一致：现代是一个词，古代是两个词。这是人们经常接触、大家共知的，无需备述。

此外必须进一步指出的是，非但解释古代书面语要懂得语义的历史演变情况，解释现代人的书面语也需要懂得语义的历史演变情况，同样要有历史观点，注视历史发展性。这一问题不赘述。

例十：关于通感的语言反映

清代李渔认为宋祁《玉楼春》“红杏枝头春意闹”殊难解释。说：“争斗有声之谓‘闹’；桃李争春则有之，红杏‘闹’春余实未之见也。‘闹’字可用，则‘妙’字、‘斗’字、‘打’字皆可用矣。”李渔显然认为“闹”字是用错了（见李渔《窥词管见》）。无独有偶，有学者提出“闻”的意义用法，说“鼻嗅当用嗅，而常常却用闻。闻是耳听。这个错用原因，到今天还查不出来”。

钱钟书回答了这个所谓“错用”问题。他在《通感》一文早称之为“感觉移借”（心理学上的概念），也就是“通感”。由此及彼，“通感”的涵盖面很广，进一步揭示了成片的语言现象中的规律性问题，启示了现实中有待明确的疑点。他指出：“在日常经验里，视觉、听觉、触觉、嗅觉等往往可以彼此打通或交通，眼、耳、鼻、身等各个官能的领域可以不分界限。颜色似乎会有温度，声音似乎会有形象，冷暖似乎会有重量。诸如此类，在普通语言学里就流露不少。”（钱钟书《通感》）有识于此，古诗文中此类的语言妙用就不难理解，更无可非议。试看

促织声尖尖如针。（贾岛《客思》）

——用“尖”写声音。

色静深松里。（王维《过青溪水作》）

——用听觉范围的“静”写清净的水色。

歌台暖响。（杜牧《阿房宫赋》）

——用温度感觉范围的“暖”写喧闹的乐声。

绿杨烟外晓寒轻。（宋祁《玉楼春》）

——用“轻”写温度。

净碧山光冷。（罗隐《秋霁后》）

——用“冷”写光。

风来花底鸟声香。　　　（贾唯孝《登螺峰四顾亭》）

——“鸟声”竟被风吹香。

风随柳转声皆绿。　　　　（严遂成《满城道中》）

——“风”、“声”竟被柳色染绿。

凡此种种“通感”的反映和语言的妙用，唤起了人们种种生动具体的联想，对开拓诗的意境、丰富读者美感都有积极作用。有意识地驾驭通感，调动人们的多种感觉，使之彼此沟通，引发人们联想，这就要从语言艺术的取向拓开视野。

当今社会在发展，学科在发展，各门学科内容互相渗透，纵横交错。训诂学的发展正在起步。王力说“训诂学要向词汇学方面发展”，罗常培说古代词汇学“没有发扬光大”，现代词汇学起步很晚，自身正在不断建设中，训诂学如何向词汇学方面发展，正任重道远。

近时北京大学《中国语言学》发刊辞指出：“《中国语言学》的宗旨是，以中国语言学的优良传统为根，取世界语言学的精华而融通之，坚定地走自己创新之路，为繁荣中国语言学而奋斗。”传统训诂学的现代发展正将纳入中国语言学的科学轨道。

第四章　词义及其演变

4.1　词义和语义

什么是词义？用简单的话来说，词义就是词的内容。比如“鸟”这个词的声音是 niǎo，它的意义是“有翅膀、有羽毛、会飞的一种动物”。“有翅膀、有羽毛、会飞的一种动物”就是“鸟”这个词的词义。只有当词义为说话的人和听话的人所共同了解时，对话双方交流思想才有可能。

语义的哲学、逻辑学、心理学、语言学、符号学、信息学等学科研究的对象，在哲学、逻辑学、语言学诸领域交叉反映。欧美学者原先整理研析了词义演变的几种类型，提出词义扩大、缩小、转移说，这只是个别语义事实的观察分类，不是系统的语义研究。结构主义理论给语义学以影响，语义学才由历时性研究转向共时性研究，由研究一个词的语义变化转向研究词与词的语义关系。但结构主义语义学只以词与语素为研究单位，没有注意词组合成词组、句子的意义。后来乔姆斯基把语义同句法、音系并列为语法的三大系统。而时过不久，有的学者认为语义结构应以句法结构为基础，有的学者则认为句法结构应以语义结构为基础。在这过程中，语言学家又觉得在很多方面语义与句法界限难划分，与语用界限也难划分。语义学是什么，语言学家间有分歧，哲学家、逻辑学家间也有分歧，甚至连它能否成为独立的学科也无定论。凡此种种不断有所发明发现的论述，自然有利于我们开拓视野，并启示我们对复杂的语言现象应不断深入探讨，益以新知。但是，在研究过程中，我们又必须防止两种偏向：第一，不能在汉语词汇的研析中纠缠于尚缺乏逻辑检验和实践检验的语义学说而强加牵合；第二，未可简单地把语义和语义学说成是词义和词义学，而在认识上陷入混乱。近几十年来，现代语言学研究有新的突破，理论上颇有可借鉴的地方，正确的做法只能是既不随意搬用，也不囿于成说，并借鉴现代语言学中已为逻辑和实践验明的、在学科体系上具有认识价值和实践价值的科学成就。（参照徐烈炯说）

4.2 词义的特性

词反映的是概括了的客观对象，我们就不难了解词义的概括性与客观性的特性。

4.2.1 概括性

列宁说过，任何词都是概括的。“人”的词义是“会说话、能制造劳动工具、过社会生活的脊椎动物”，它不是专指一个人，而是指具有以上特征的一切人，既包括张三，也包括李四；既包括男子，也包括女子；既包括大人，也包括小孩；既包括中国人，也包括外国人；既包括现代人，也包括古代人。另外像“上海”、“鲁迅”之类，也都同样是概括的。“上海”概括了上海各个方面的特点，同时把上海与其他地方区别开来；“鲁迅”既概括了鲁迅各个方面的特点，同时把鲁迅与其他人区别开来。至于概括的程度，那可能是不完全一致的。有的词概括性大，有的词概括性小；“生物”这个词的意义概括性大，“植物”这个词的意义概括性相对小，“橘子”这个词的意义概括性还小，“无核橘”这个词的意义概括性更小。词义的概括性是就词义本身特点说的，与事物本身的大小没有必然联系。

4.2.2 客观性

词义的形成是生产以及全部社会生活的发展所确定的客观过程。它们的产生不是偶然的，都是社会发展的结果，都是客观事物的反映。客观存在是第一性的，意识是第二性的；词义的产生有它的客观物质基础，不是人们任意确定的。

自然，我们这里说的词义不是人们任意确定的，这跟人对词义的理解往往附带有主观性是两回事。词义有概括性和客观性，是概括了客观事物的意义；概念也有概括性和客观性，是概括客观事物的思维形式。它们有相同的地方，却不是绝对相等的。“人”这个概念包括“是脊椎动物”、“能说话”、“会制造劳动工具”等内容，其中“是脊椎动物”这个特征其他生物也有，属一般的特征；“能说话”、“会制造劳动工具”等特征是人所特有的，属本质的特征。由此可见，概念是反映对象的一般特征和本质特征的总和。至于“人”这个词的意义，不同的人就可能有不同的理解。比如大人理解的“人”与小孩理解的“人”并不完全一样，大人理解的“人”的含义一定比小孩深刻得多，但是这并不妨碍大人与小孩的交际，因为大人也好，小孩也好，说“人”决不会是指别的生物，它只包括一些足以确定那个词所表示的对象的范围的特征，并不包括对象的一般特征与本质特征的总和。由此可见，词义与概念是有区别的。（参看林裕文《词汇、语法、修辞》，德·高尔斯基《论语言在认

识中的作用》)

4.3 词义的类型

词义有三种类型：概念意义、联想意义、社会意义。这是现代词汇学对训诂学的影响的一个具体体现。

4.3.1 概念意义

现代词汇学采取基本范畴分析法，即选定若干范畴为标志，相关的概念都按此定义。比如关于“人”这个大范畴，以“人类的”、“成年的”、“男性的”三项为标志，外加正号(＋)、负号(－)、零号(○)作区别：

“男子”是：

人类的＋
成年的＋
男性的＋

这就是“成年的男性的人”，
其中心义素是“人类”，
其余都是限定义素。

“女孩”是：

人类的＋
成年的－
男性的－

这就是“未成年的非男性的人”，
其中心义素是“人类”，
其余都是限定义素。

仿照以上的分析，以下的词义可以作这样的认识：(参蒋绍愚析例)

响：回声(空谷传响)→声音(鸿钟吐响)，词义扩大。中心义素“声音”不变，限定义素“返回”减去(少)。

宫：房屋(“父母妻子皆同其宫”)→帝王的房屋(“作宫阿房，故天下谓之阿房宫”)，词义缩小。中心义素“一般房屋”不变，限定主素“帝王的房屋”增加。

兵：武器（“斩木为兵”）→战士、军队（“进兵而攻周”），词义转移（由指物转指人）。中心义素“武器”改变，限定义素仅保留若干。

概念意义分析法，运用于词义分析实际，有利于增强对词义的理性认识。概念意义与其他意义有区别又有联系，这联系特别是表现在同词义“转移”相适应上，也就是词义随着某种联想而转移开去。

4.3.2　联想意义

现代词汇学的一个贡献在于区别了词的联想意义与概念意义的不同。概念意义以逻辑为基础，不因文化不同而有差异，义项基本固定，属于封闭系统；联想意义以经验为依据，因不同文化而有差异，义项较多变化，属于开放系统。有人说“妇女”一词，可以联想“持家”、“养育儿女”、“温柔”、“美好”等；某一种文化会加上“脆弱”，另一种文化会加上“一族之主”等。古汉语“良”的本义，《尔雅》说是“首”，引申出“将领”义、“美好”义、“丈夫”（良人）义，这“美好、丈夫”义都交织着联想义。今天词汇学基础理论中应该申论联想意义与概念意义的区别与联系，以利词义的探源析流。词汇学这一成就势必促进训诂学的发展，连同社会意义的提出，情况尤其明显。

联想意义不特反映在汉语词例上，也反映在其他民族语言词例上，而且因联想而产生新词新义。比如英语中的起重机“crane”原义是“鹤”，这完全是取两物之间的形似而给命名的。命名的始因是联想，手法是比喻。有些词看来只有比喻义而无原义，那是由联想转为比喻而创造出来的，比如“黑心”、“傻瓜”等。

4.3.3 社会意义

社会意义的提出，最能体现词汇学的现代性，表明了现代词汇学与前期词汇学最明显的不同。前期词汇学着重静态的，也就是词典式的、固定性的词义分类，现代词汇学则强调动态的、社会的词义分析。词汇学的社会性词义的反映是多方面，比如“或青或素”（《礼记》），用“青”表示“黑”，有着社会因素。直到今天，南方有些地方还是忌讳说“黑”，而改用“青”来表示。社会意义实例极多，以下综合分析说明。《诗经》“王欲玉女（汝），是用大谏（深深规劝）”的“玉女”，清代阮元解为“畜女（畜 xù，畜养）”，玉畜同音假借（通借）。其实“玉”是社会意义“宝爱”（活用）：像玉一样的宝爱。“玉”的概念意义、联想意义、社会意义可以作如下比较：

玉：
- 温润而有光泽的美石（概念意义）
- 美好、同类事物中最佳美的（联想意义）
- 像玉一样地宝爱（社会意义交织着联想意义）

下面再举例综合说明词的概念意义、联想意义、社会意义。“佛”的概念意义是“觉者”，即凡是认定为“佛”的，必得是“觉者”；它以逻辑为基础，属封闭系统。“佛海”则是联想意义，佛教徒认为佛法像海一样广大无边；它以经验为依据，属开放系统。类此的如“苦海无边”的“苦海”也是联想意义的词，人世间不存在所谓“苦海”，它也是“以经验为依据”而为喻，无法采用概念的基本范畴分析法。“佛国”是佛的出生地，指天竺，即古印度。因佛出生于天竺，就把天竺指称为佛国，这是社会意义，由社会性而生成。社会意义往往交织着联想意义。概念意义一般是静态的固定性的意义，联想意义、社会意义则呈现动态的宽泛性的意义。

现代汉语同样可取法上述析解，比如“铁”的概念意义是一种金属元素，用在“铁的意志”里是联想意义，用在“铁的纪律”里是社会意义。

词义分类可以有多角度的认知，如本义、借义、引申义；多义、同义、反义；原义、转义；褒义、贬义；等等。上述概念义、联想义、社会义可以涵盖包容上述各类意义。

4.4 词义的演变

对于词义的演变，一般较多着眼于词义的扩大、缩小和转移上，不大着眼于词义的继承、充实与提高上，作者特意分别从两方面提示，有所强调。再有，对于词义的演变，离不开词义的扩大、缩小和转移的认识。但深入结合汉语实际的阐发则略嫌不足。前人对词义引申的阐述内容十分丰富，有待进一步研究。

4.4.1 词义的扩大、缩小和转移

语音系统和语法系统的稳定性很强，它们甚至在一段相当长的时期内并不发生什么变化，而词义就不是如此，差不多经常在演变着，它比语音系统、语法系统的演变要显著得多。

词义为什么会不断演变着呢？这有它的外部原因和内部原因。外部原因就是社会生活的变化，客观事物的发展。比如《论语》“有事，弟子服其劳；有酒食，先生馔”的“弟子”不是指学生，而是指年幼者；“先生”不是指老师，而是指年长者，词义与今天不同。《孟子》“先生将何之”的“先生”用为称人的敬词，与今天用法接近。至于专称执教的老师为“先生”，则是比

较晚的事，包括男性老师和女性老师。在演讲词之类开头“女士们，先生们”，“先生”专称男性，而在信函往来中或其他一些场合，对女性也有称“先生”。内部原因就是由于表达的需要而引起语言的内部调整。语言内部调整的情况非常复杂，这里仅举几个例子来看。比如“金”这个词，古代指一切金属（当然也可以指黄金），后来出现“金属”这个词，“金”的意义就不指一切金属，而专指“黄金”了。这是一个词受到另一些词的影响而演变的。又如“角”本来是牛羊的“角”，而牛羊的“角”是有“尖”的特征的，于是把“屋内墙的交接处”（也有类似“尖”的特征），也叫“角”。这是两种东西的特征相仿而引起词义的演变。

词义演变的方式怎样呢？大致有扩大、缩小、转移三种。

先说扩大。

有的词原来的意义概括范围比较小，可是后来范围比以前扩大了，应用的范围比以前广泛了，这就是词义的扩大（这儿不用义素讲析法，而取传统习惯叙述法，后同此）。先秦“江”专指长江，如“楚人有涉江者”（《吕氏春秋·刻舟求剑》），后来“江”的意义扩大了，长江支流也称“江”，如湘江、赣江。再往后，南方的水流钱塘江、珠江、漓江都称“江”。“河”专指黄河，“江河”二字连用，指长江和黄河，“河”指一般河流，是后起意义。“雌”与“雄”原来是区别鸟类的阴阳性的，现在用来区别一切生物的阴阳性了。不但牛马可以分为雌雄，花蕊也有雌蕊、雄蕊之别。还有现在“英雄”这个词所表示的意义也是扩大了，既可以指男性，也可以指女性，我们可以说“母亲英雄”“女英雄”等。20 世纪 50 年代初有个别人说男人可以叫

“英雄”，女人只能叫“英雌”，这是未懂词义演变的道理的妄说。词义的扩大的事实在汉语里很多，是汉语词义演变的主要方面。再强调一下，一般地说，词义扩大都是由具体的、个别的意义发展到抽象的、概括的意义。这个意义，单纯用义素分析的公式往往不便展示。

再说缩小。

有的词原来的意义概括范围比较大，后来变得比以前狭窄了，这就是词义的缩小。比如：“坟”原来指高大的土堆，后来则专指坟墓；“丈人”原来指一般年长的人，后来专指妻子的父亲；“瓦”原来指烧好的土器，后来专指盖在屋上的瓦；“宫”原指一般人居住的房子，后来专指帝王居住的房子；“朕”原为第一人称代词，秦始皇开始专用为皇帝的自称。不过词义缩小的事实在汉语里并不多。

再说转移。

词义的转移是词义的一种比较大的变动。凡是原来指甲，后来指乙，范围性质都有了变化，这就成了词义的转移。前面谈的扩大和缩小，词的中心义素未变，转移则不同，词的中心义素起了变化。比如“时髦”古代是指“当代的英才”，现在指“时兴”；“牺牲”原来指祭祀宰杀的牲畜，现在指怀着正义的目的为国为公舍弃自己的生命或者放弃了某些利益。还有“诛”也属转移情况。《说文解字》：“诛，讨也。”所谓“讨”，就是“声讨”、“谴责”的意思。（“诛”从言，本来只是有关言语的事。）《论语·公冶长》：“于予与可诛！”（于，对于；予，宰予，字子我，孔子的弟子；与，语气词。）《晋书·孙楚传》：“小不事大，春秋所诛。”这两例的“诛”只能理解为“谴责”。后来演变为

"杀戮"的意思。"诛"的原义还保留在成语"口诛笔伐"(用言语或文字宣布罪状,加以声讨)里。"诛"义转移为"杀戮",后来遂构成"诛杀、诛戮"等复词,说成"诛杀无辜"之类。

词义的演变还有较复杂的,那就是扩大、缩小与转移交错在一起。比如"走"原来的意思是"奔跑";后来慢慢地步行也叫"走",这是词义的扩大;再往后,奔跑的原义反而不用了,今天说"走"不再是"奔跑"的意思,这是缩小。从"奔跑"扩大到"慢慢地步行",再又把"奔跑"意思丢掉,结果又造成了词义的转移。

词义的演变可以引起词汇的变化,因为一个词的意义的改变,影响不仅在那个词本身,往往牵涉到别的词。比如前面谈到"金",它的意义范围缩小了,不再指金属而专指黄金,于是我们语言的词当中"金革"之类就不用了(保留在过去的书面语中),而只在"五金店"这个词里出现。至于如何考证词汇中某一部分词的新义产生和旧义淘汰,这是个词汇学中一时尚难解决的问题,因为汉语历史悠久,词汇丰富,词义演变多端,考证词义的演变成为一件艰巨细致的工作。

最后,我们还需要了解到:词义的变化,不一定就是新旧意义的替代,有时新义和旧义并存。例如"肉"原来指各种肉,后来单指猪肉;而在"牛的肉""羊的肉"里,肉的原意还保存着。这种新旧词义并存,是造成一词多义(多义词)的一个原因。有鉴于此,其他一词多义诸多缘由与理据不妨类比探索,明其规律性联系。

4.4.2 词义的继承、充实和深化

概念是全人类所共有的,属思维范畴;词义则属语言范

畴，它处在某一语言词汇系统中。它受本民族语言系统的制约，具有民族性。词义随着社会的发展、人们的运用而逐渐演变。它一方面扩大、缩小、转移，另一方面继承、充实、深化。词义扩大、缩小、转移已如上述，这里继续谈词义继承、充实、深化。先仍以“人”为例。中国古代把人和天地归属在一起，有所谓“天地与人谓之三才”（《幼学琼林》），说解文字，则言“一贯三为王”（《说文解字》），皆本董仲舒说，无非以“人”为天地间之至尊而已，与“人”的词义无涉。何谓“人”，中国古代有“圆颅方趾皆人类（人）”的说法；古希腊人认为“人”是“没有羽毛的两腿动物”，又进而认为是“能思维、有理性的动物”；后来美国的富兰克林提出“人是制造工具的动物”。富兰克林对“人”的认识较前代固然有所发展，但还不能说是完善了。马克思主义认为“人是有语言、能思维、会制造和使用生产工具的社会动物”，这就对“人”的本质特点有了充分的揭示。从对“人”的理解这一实例中，我们不难看到词义继承、充实、深化的历史缩影。继承、充实与深化的总方向是由低级向高级，由粗疏向精细。

笔者幼年进私塾读书，首先接触到的是“盘古开天辟地”、“天圆地方”、“气之轻清上浮者为天，气之重浊下凝者为地”等。现在对“天”、“地”的认识有精确含义，不特一般的继承、充实、深化而已。目前我们对天体星球的认知正在探索中，随着科技的发达对它们认识有所发展，反映在词义上必将是都有继承、充实、深化，旧训诂学望尘莫及，不可同日而语矣。

4.4.3 词义演变例论

词义演变反映在词义的扩大、缩小与转移上，也反映在词义的继承、充实与深化上，而现有的情况，以反映在词义的扩大为多见，其余次之。单词组合成复词，则显词义的充实、深化为常。

权以“深”为例认识常见现象。“深”本义是“水深”，就由上至下的垂直程度而言，后来引申指由外到里的距离程度，如“深山”。由上而下、由外到里，都是着眼于空间的，后来表示时间长的程度，如“深夜”。此外引申指“深色”，表示颜色浓的程度；引申指“深思”，表示人的心理状态。这些都是从“水深”这个意义演变来的。“深”在大型工具书里列有十多个义项，分别列出数十个复词和用“深”组成的成语，其间的区别与联系多加鉴别，大有利于词义的认知和施用。其他词义则可类推而旁通之。

了解词的本义，应掌握“始见书，初见义”这一原则，“深”早见于《诗经·邶风·匏有苦叶》“深则厉，浅则揭”，与“浅”相对，可为“始见书，初见义”之证。

古汉语中，绝大多数词都是既有本始义，又有引申义。比如《说文》所收的字（词）多数被认为是本始义，这种本始义一般理解为造字时的本始义。但是语言先于文字，“以形索义”自然难以穷源，“因声求义”也有历史局限。面对这一语言史实，探求本始义的难度就得充分估计，科学对待。严学窘说依形析义“是解释文字得形之由，而不是词的本义和普遍意义”（《我国传统语言学的研究与继承》），亦可供参考。

许慎《说文解字》收字九千余，段玉裁《说文解字注》分析了其中1100多个字的引申义。这千余字基本上是常用字，因此段玉裁的分析研究具有实用性与普遍性。按：非常用字引申现象不突出，甚至罕见；常用字因常用而多引申，这是势所必然。现在从段玉裁分析的千余例中选引数例于下，以窥一斑。

(1)梳——理发。(许慎《说文解字》原解，下同)。注：器曰梳，用之理发亦曰梳。(段玉裁注，下同)——笔者按："梳"从词源角度说，它与"疏、粗"同源。王力认为"梳"的齿是疏的，所以叫梳("梳"、"疏"同音)。"疏"又有粗义，故"疏"、"梳"、"粗"同源。(王力《同源字典》166页)"扬雄《长杨赋》：'头蓬不暇梳。'《汉书·扬雄传》下作'疏'。"(同上)

(2)缚——束也。注：引申之，所以缚之之物亦曰缚。

(3)匠——木工也。注：以木工之称引申为凡工之称也。

(4)州——水中可居者曰州。注：州为州渚字，引申之，乃为九州。俗乃别制"洲"字，而大小分系矣。

(5)宰——辠(罪)人在屋下执事者。注：此宰之本义也，引申为宰制。

(6)削——一曰析也。注：凡侵削、削弱皆其引申之义也。

以上词义的引申，有的连同词义感情色彩起变化。如"宰"本来是屋内奴隶(所谓"罪人")，因贴近奴隶主，有可能得到奴隶主信用，逐渐具有职权，乃至扩大职权；到了后代，直至成为官僚，执掌国政。这样，"宰"就由贬义演为褒义了。又如"削"由"破木"引申为"侵削"之类，这就由中性义演为贬义了。

关于词义的引申问题的阐述，与其说段玉裁是集大成者

(前人偶有散见的叙述,但并非有意识的探索),毋宁说是首创(像段玉裁这样较全面而深入的揭示,前人还没有过)。段玉裁以前传统训诂学是不专门谈词义引申诸问题的。段玉裁词义引申的探索比德国学者赫尔曼·保罗词义扩大、缩小、转移说早一百多年,涉及内容之丰富,是首屈一指的;而且他有许多理论性阐述,虽然还不是严格的科学抽象,毕竟是发前人所未发。即使有些内容前人略已提及,段玉裁也还有自己的见解,乃至对前人述说进行补正。我们如能很好地总结归纳前人研究成果,必将有新的发现,对词义演变规律有新的揭示。任何学术研究都不可能从零出发,应该看到可以继承的基础。况且段玉裁由于历史的局限,也由于缺乏科学的方法论的指导,许多理性认识散见于各字例的训释中,没有能升华到一定的理论高度,没有建立起一套理论体系(这也是乾嘉学派共有的弱点),这未竟之业正有待我们今人完成而后来居上。在这过程中,当然要吸取众长,精益求精。

词义引申的方向、层次、顺序,需要从大量的文献中去概括、剖析、总结。有人把引申归纳为理性引申、形比引申、礼俗引申三种。另外也可以从其他视角进行归纳。拙作《训诂学导论》(上海教育出版社,1987 年)、《训诂学教程》(北京大学出版社,2013 年)、《训诂学读本》(上海交通大学出版社,2010 年)都有涉及,可以参阅。

第五章 训诂学的学习和施用

5.1 古籍整理

5.1.1 古籍概述

了解古籍,先要了解古籍的分类。最早的目录学著作是《汉书》里面的《艺文志》。清代金榜说:“不通《汉书·艺文志》,不可以读天下书。《艺文志》者,学问之眉目,著述之门户也。”清代张之洞批评有些人不会读书,写了《书目答问》,虽然其中不少说法已经过时,但对了解我国古籍概况和版本目录常识有一定的作用。近人范希曾《书目答问补正》对张书既补又正,较有实际价值。

目录学中最早的图书分类法是“七略”(辑略、六艺略、诸子略、诗赋略、兵书略、数术略、方技略),现在是“四部”(经、史、子、集)。现代分四部是古代分类法的沿用,其顺序的基础是甲、乙、丙、丁四部的分类,它是“七略”、“七志”(经典志、诸子志、文翰志、军书志、阴阳志、艺术志、图谱志)的改进与发展。

古籍很多,只能有选择地去读。章太炎、黄侃根据自己的治学经验,曾先后开出了必读的根柢书书目单。章太炎说青年必读 21 部书,黄侃认为尚有未备,增加到 25 部书,并说 25 部书可以“囊括一切,也是做各门学问的根柢”。这便是:

经部十五书：《易》、《诗》、《书》、《礼记》、《周礼》、《仪礼》、《春秋左氏传》、《春秋公羊传》、《春秋穀梁传》、《孝经》、《论语》、《尔雅》、《孟子》（以上通称十三经）、《大戴礼记》、《国语》；

附小学二书：《说文》、《广韵》；

史部四书：《史记》、《汉书》、《资治通鉴》、《通典》；

子部二书：《庄子》、《荀子》；

集部二书：《文选》、《文心雕龙》。

（按：经部有的可视为史书，如《国语》；有的可视为小学书，如《尔雅》，今沿其旧。）

章、黄为什么提出必读根柢书呢？因为当时社会上盛行梁启超开列的《国学入门书要目及其读法》和胡适开列的《一个最低限度的国学书目》，章、黄认为泛滥不切实际，没有揭示出重点，所以便各自发表意见来纠偏。

不过这里有个现实问题：上述诸书基本上是要从小就逐部读的，小时候没有读或少读，现在年龄大了，用来熟读这些书的时间又不很多，怎么办？这当然还是要从实际出发：第一，根据现有条件，能读多少就读多少；第二，尽可能懂得使用这些书，在实践中逐渐熟悉这些书。

为了便于自学和熟悉根柢书，下面略作介绍，以为启导。先从“经”谈起。

今文学派以为“经”是孔子著作的专名，在孔子以前的著作不得称经，所以只有《诗》、《书》、《礼》、《乐》、《易》、《春秋》才可以称“经”。

古文学派以为“经”是一切书籍的通称，不是孔子六经的专名;“经”只是订书的线,凡是线装的书都可以称经。章太炎属古文学派,所以说“经即线是也;所谓经书,无非是一种线装书之谓。”(《国学演讲集》)

所谓今文是汉初用隶书写的经书文字,书中多用本字;所谓古文是在孔壁中发现的用大篆(一说是科斗文)写的经书文字,书中多用借字。两种不同字体、不同用字的经书都有人研究,后来发展成学派对峙。今文派认定孔子开始才有经,解经重在微言(精当而含义深远的话)大义(经书要义),以适应巩固封建的“一统”需要。古文派主张六经在孔子前就存在,解经重在章句训诂,以辨认其中经过窜改增加而不足为据的地方。清代学者继承古文经学家的训诂传统并有所发展。段玉裁、王念孙父子、章太炎、黄侃等是古文学派的学者,所以他们对“经”的说法就反映了古文学派的主张。

事实上,随着时代的演进,后代人所称道的“经”的范围,已经由孔子删定的“六经”扩展到以孔子为中心的其他书籍,如《孟子》、《尔雅》等。特别是段玉裁在十三经之外,还增加八经,称为二十一经,便是最典型的。这八经是《大戴礼记》、《国语》、《史记》、《汉书》、《资治通鉴》、《说文解字》、《周髀算经》、《九章算术》,把历史书、文字书、数学书都包括进去了。

经的名称最早见于《国语》。经的数目向来不一样,有所谓四经(四术:《书》、《诗》、《礼》、《乐》)、五经、六经、七经、九经、十二经、十三经、二十一经之称。

“经”和后边要谈到的“史”的关系十分密切。古文学派认为“六经之文,皆周公之旧典”,“经”就是“史”,只是经过孔子编订一番而已,有所谓“六经皆史”的说法。章太炎就说“‘经’

本'史'耳,'史'与'经'无甚区别"。然而今文学派认为"六经皆孔子托古改制之书,实为后王立法"(康有为《孔子托古改制考》),而且认为古文经都是刘歆(西汉末古文经学派的开创者)伪造(康有为《伪经考》),不可相信。这样自然也就谈不上"经、史"的关系了。

实际上,不论今文、古文,都有其史料价值。孔子编的也好,后人编的也好,都以古代材料为依据;其中除了清代学者查考证实确属伪造的那一部分之外,都可以作为研究先秦历史的基本史料。同时"文史"从来不分家,文学离不开历史,也离不开经书。经书里还有许多古汉语史料,经学更是给古汉语的研究提供了可靠的例证。

对于"经学"的说解,应持实事求是、择善而从的态度,不可存有古今文派的偏见。"终南何有?有纪有堂。"(《诗经·秦风·终南》)"纪"和"堂"长期以来人们没有能够解释清楚。清代王引之研析了整部《诗经》,发现凡说山有某物都是指草木;又考虑到同篇前一章"终南何有?有条有梅"的"条"、"梅",也正是指树木;进而再参证了《诗经》的异文《韩诗》,发现《韩诗》"有纪有堂"写作"有杞有棠",最后便得出很有说服力的结论:《诗》古文的"有纪有堂"就是"有杞有棠",这就属于择善而从的实例。前面说过今文经多用本字,古文经多用借字,推求本字自然也应重视今文经的"异文"。

择善而从与存有偏见的"党同伐异"是截然不同的两回事。远在西汉,五经十四博士经说各守家法,古今文派互相攻击,经学家门户之见很深。到了东汉末年,郑玄笺《诗》注《礼》,才沟通古今成一家言。但当时也有人反对他,王肃说经就与郑玄专唱反调，于是经学中又出现郑王之争，其门徒亦各守宗主。这种党同伐异之风是极其要不得的。

总之，今古文派逐渐发展为学派的不同，治学的重点和研究的方法以至对经书的解释、对具体社会历史问题的看法也都各不相同。经学中这种今古文派的对峙一直持续了将近两千年，对我国的学术以至语言文字都有一定的影响。

接下来略谈一下“史”。

原先民间不可以私自写“史”和传授“史”，记事和掌史由专职的史官负责。后来“史”由官职名称用为“史书”的通名。

“史”和“经”都以“陈述事实”为主，所以它们素有前面提到过的“六经皆史”的说法。晋代以前，史学还没有被看作独立的学科，晋代以后史学由独立而日益发达。今天从某种意义上说，“经”只能是“史”的附庸了。我们固然不应把“史”叫作“经”，但是不妨把“经”叫作“史”。梁启超说：“中国于各种学问中，惟史学为最发达；史学在世界各国中，惟中国为最发达。”(《中国历史研究法》)这是事实。其所以如此，当与中国长时期的特殊政治经济条件分不开。

我国古代史书内容多是“混合物”，里面什么学问都有，简直是百科全书。因此，梁启超又说：“中国古代，史外无学，举凡人类知识之记录，无不丛纳于史。”(同上)这话也不假。黄侃提出必读几部史书，其重要性与必要性，是不言而喻的。黄侃提到的四种史书，在史部中是有其代表性的。先不谈《资治通鉴》和《通典》，仅以《史记》和《汉书》而论，其学术价值已非同小可，早为同类史书中之上乘。

对《史记》的注释历来相当重视，现在看到的最早的旧注是刘宋裴骃的《史记集解》。它主要利用封建经典和各种史书来注释文义，释义中吸收了前人的重要成果。唐朝司马贞作《史记索隐》（“索隐”是阐发隐微之意），既注音，又释义，比《集解》前进了一步。唐朝张守节花费了毕生精力，写了《史记正义》，比《集解》、《索隐》又有所深发和进展。司马贞的《史记索隐》和张守节的《史记正义》对《史记》所作注释的共同点，都是较多地集中在人名地名的考证和史实的考核上。《史记集解》、《史记索隐》、《史记正义》的注释，人们公认为《史记》旧注的代表作。往后注释考证《史记》的撰述还很多，它们在史学、文学上的价值不能低估，在章句训诂上的价值同样重要。

《汉书》多用古字古词，比较难读。东汉时候的人已经感到有很多地方读不懂。在这种情况下，人们便提出了为《汉书》作注的要求。东汉末年已有服虔、应劭为《汉书》作注。到了唐代，颜师古汇集了前人 23 家的注释，纠谬补缺，完成了《汉书》新注。清代王先谦还作《汉书补注》。即便如此，人们也还不大容易都读通。黄侃曾经指出：“王先谦《汉书补注》，不知何人为之圈断，每页竟错至五六处之多，此不通小学之甚。”古书通读之难，于此可见一斑。

以语言而论，总的说来，《史记》是总结继承秦以前特别是战国时代的书面语而定型化的代表，代表了上古比较通俗的书面语，对后代影响很大。它不像《汉书》往往用古字，造句也较古奥。《汉书》则从另一个侧面反映了上古书面语言现象及不同作者的语言风格。《史记》、《汉书》对唐宋散文多有影响，欧阳修、曾巩尤工《史记》笔法。韩愈则沟通《史》《汉》，直薄《春秋》，为八家之巨擘。

再接下来谈“子”。

“子”可以引申为人的尊称与美称，做官的人、有德的人都叫“子”。古时政教合一，“师”就是“官”，于是称“师”为“子”。后来官学变为私学，“子”仍旧用来作为弟子对老师的称呼。先秦子书多由门人后学辑录而成，所以书中称“子”，书名就用“某子”。一般说“子”，就是“诸子”的简称。

“子”与“家”有狭义与广义的区别：“子”代表属于某派的一人，“家”是同派的若干“子”的总名，如孔子、孟子等是儒家人物，老子、庄子等是道家人物。

“家”原是“家学”的简称。周代重“世禄”制度，官、师代代相传，“家学”表示学术出于一家的意思。后来官学变为私学，学术虽然不是出于一家，但只要传某派学术的都称“某家”。这样的“家”自然不是原先的含义了。

了解上述诸端，自可理解“诸子百家”的含义了。所谓“百家”之“百”，用为虚数，以言其多。

“百家”指各个学派。诸子的学派，古时候叫作“家数”。家数究竟多少，未有定论。通常有六家和十家的说法。六家是“儒、道、墨、法、名、阴阳”，十家则是在六家之外再加“纵横、杂、农、小说”四家。

研究诸子，一般以《汉志》所定十家为准，其实也不应拘泥于此。理由是《汉志》是从图书分类的观点出发编撰的，而不是从先秦诸子人物活动和思想学说的具体情况出发作全面考察的。这一点常为一些专家学者所忽视。

还得指出，诸子学说从先秦到西汉是兴盛时期，东汉以后渐趋衰落。在兴盛时期，子部的书放在经部之后。在渐趋衰落时期，封建统治阶级斥其驳杂不纯，旁门左道，置于史部之后。因此，学习研究子书，对儒家思想的倾向性自应有充分的认识。而具体了解诸子，则应从其语言入手，通过语言的剖析以观全貌。

随后再谈“集”。

集部主要是文学方面的书籍。汉代没有集的名称，文学书籍归到《七略》的“诗赋略”里去。《隋书·经籍志》集部分为楚辞、别集、总集三大类。清代《四库全书》增加了词曲和诗文评，扩大为五类，而戏曲和唱本还没有包括进去。黄侃提出的集部二书，《文选》是现存最早的诗文总集，《文心雕龙》属于诗文评。

《文选》这部由萧统编的代表六朝诗文的总集，多引经据典。黄侃说当时文人争用典故，“以一事不知为耻，以字有来历为高”。(《文心雕龙札记》)有些语句即便看上去并不古奥，实际上也都是用典。比如《哀江南赋序》：“日暮途远，人间何世；将军一去，大树飘零。”第一句出自《史记·伍子胥列传》的“吾日暮途远”，借用来表示年老而路途艰辛；第二句出自《庄子·人间世》，表示慨叹；第三、四句用东汉冯异故事以寄托新义(冯异每次论战功，独自坐在树下，表示谦让，被人称为“大树将军”；这里“将军”指自己，并不是说自己像冯异那样谦逊，“大树飘零”又只是用来比喻部下溃散)。《文选》这部书唐代李善竭尽全力说明其出典，引用材料达1600多种，唐以后补正李注的还有数十家之多。仅此引书1600多种，不只为研究训诂、整理文献提供了可贵资料，而且使许多已经失传的古书的搜辑、现存古书的校勘等工作也有所依循，它在考据学、文献学、校勘学方面都颇有价值。

早在隋代，就有过研究《文选》的“选学”之称，曹宪就是当时的“选学”名家。今天对《文选》的重视尚嫌不够，当然谈不上“选学”。《文选》比较不好读，但我们不能因噎废食；有不少人对《文选》的评论不那么恰当，我们亦不应因袭偏见。

《文心雕龙》这部自成系统的古代文学理论专著，其具体内容、理论价值及历史地位，自不待言。它不仅是古代文学理论专著，也是古代修辞学理论著作，甚至可以说是第一部修辞理论著作。这部书批评了当时片面追求形式的文风，是难能可贵的；而它自身又不免受当时文风的影响，这就美中不足了。特别是反映在词语的运用上，蒙上了一层玄学的神秘色彩，因而往往使人感到意义朦胧而不可捉摸了。例如：“文辞”说成“文明”就颇为费解；“辞为肤根”的“肤根”更为历代的注释家所“不可解”，这是无可隐讳的。

“集”还有别集。别集是汇集一些人的著作，自编的不多，大多数是别人编的。明代张溥编录《汉魏六朝百三名家集》并撰写“题辞”，今人万曼《唐集叙录》都可作为读别集的参考。

读古籍要知道经、史、子、集四部，但其卷帙浩繁，谁都不可能通读。清代所编《四库全书总目》，是四部分类法中影响最大的一种。该书凡 200 卷，以经、史、子、集四部为纲，更分类属，每类又分著录、存目二项。著录之书，都有钞本；存目之书，则为四库所不收。每书撮举大凡，详列著者姓名、世次、爵里，并条举其得失。但要把这部书读一遍，也得花费相当多的时间和精力，有人在这部书之外，还编有《四库全书简明目录》。这个《目录》只载著录书名和卷数注某朝某人撰，其下并略志梗概，共 20 卷。它和 200 卷的《提要》相比，分量已减少了十分之九，可是人们仍有负荷繁重之感。近人杨立诚则编《四库目略》，将经、史、子、集分为四册，更加简括。但所举书目仍如四库所列，一般读者不得其要领，且无尽览之必要，于是韩非木又编《四库之门》，在四库中择要提示若干种书目，让读者"按图索骥"地去读原书。

总之，读黄侃所列 25 种根柢书，参照上述诸编，既突出重点，又对古籍全貌的了解有脉络可循。

5.1.2 古籍的探究

古籍整理是训诂学在应用方面的一个重要组成部分，主要包括标点、校勘、注释、翻译等方面的内容，这是不用多谈的。此外，深入考究也是古籍整理工作的重要一环。以下以《孙子》与《周易》为例，对此略作介绍。

5.1.2.1 《孙子》

《孙子》又称《孙子兵法》，为春秋末期齐国人孙武所著。孙武是大军事家，《孙子》是现存最早的古代军事名著。《孙子》内容是我国古代军事文化结晶，为历来所重视。现有日、英、德、法、俄文译本流传国外，仅日本有关《孙子》的著述达百余种。各国汲取我国历来研究精华，用于政治、军事、外交、经济诸领域。特别是从中总结管理学，运用于商战。国内外《孙子》研究方兴未艾。

历来曾有人说历史上根本没有孙武这个人，《孙子兵法》之作者自然也随之成为疑团。北宋梅圣俞先是闪烁其辞地说《孙子》"此战国相倾之说也"(欧阳修《孙子序》引)。随后南宋叶水心沿梅说而生发，说《孙子》系"春秋末，战国初，山林处士所为；其言得用于吴者，其徒夸大之说也；其言阖闾试之以妇人，尤为奇险，不足信”（《习学记言·序目》）。清代姚际恒则说“孙武者，其有耶？其无耶？”（《古今伪经考》）凡此种种说法，唯一依据是《左传》无孙武的记述。叶水心为证实自己的见解，还做如下申论：

> 《左氏》无孙武。他书所有，《左氏》不必尽有，然颍考叔、曹刿、烛之武、鱄诸之流，微贱暴用事，《左氏》未尝遗，而武功名章灼若此，乃更阙略；又同时伍员、宰嚭一一铨次，乃独不及武邪？（《习学记言》卷四十六）

这一申论，现代考据家们则据以作相应的推阐：

> 如果叶水心讲法是符合实际情况的话，那么，因为《左传》里面根本没有记载过孙武，我们便可以这样设想：所谓孙武，可能就没有这样一个人，或者是后人因缘古时的传说，所增饰依托的一个虚构的人物。（出处恕略）

既然孙武是“虚构的人物”，孙武其书其事便得另作种种构想了。这样，结果有可能淡化人们对孙武及其书作的应有共识。

其实，“《左氏》无孙武”，不足为“虚拟的人物”之唯一依据。我们知道，不仅《荀子》，而且《韩非子》也有过对孙武的重要提示。《韩非子·五蠹》：“境内皆言兵，藏孙、吴之书者家有之。”这里时“孙”只能是孙武，不是后百余年的孙膑。再有，同为兵学名著《尉缭子·谈制》也写到“有提（率领）三万之众，而天下莫当者谁？曰武子也”。诸如此类，堪为孙武其人其事其书之有力佐证。说到此，有人可能重申《尉缭子》原是后世伪书，其言不可靠。可是1973年山东临沂银雀山出土西汉前期竹简，其中一部分是《尉缭子》残简，内容和后世的《群书治要》所录今本基本相同，这表明它在西汉前期已经传世，西汉之前已经成书，后世伪书说乃属臆断。依此，《尉缭子》之说当可信，孙武确有其人。又，银雀山并出《孙子兵法》与《孙膑兵法》两种，过去由于《孙膑兵法》失传而以《孙子兵法》即《孙膑兵法》之误，也就不辨自明了。

进一步推究，所谓《左氏》不录，原不尽然。《左传》曾记过孙武始祖陈氏事迹以及后来孙武祖父孙书的若干活动，并非只字不提。况且《左传》未明录孙武，也不能依成习度之。综览《左传》记人记事，多以“礼”为是非准则。奴隶起义大事，《左传》则言之不详。《左传》以合乎“礼”者，虽小亦录，不合乎“礼”者，丘山亦弃。孙武言兵以“诈”，直言“兵者，诡道也”，“兵以诈立，以利动”，强调出奇制胜，书中“奇正”要旨为我国古代战略学形成的重要标志，但是这对于已有的“成列而鼓”等军事观念是新的挑战，固未必为《左氏》所赞同而实录。《左传》所认可的未尝不是宋襄公型的“不鼓不成列”的陈见。视宋代苏洵至清之姚鼐，尚且以孙武为“不仁不义之人”，况一以“礼”为准之《左传》乎？再者，《左传》不录，也未尝不与他书一样，另有他种因素。我们知道，“杨墨之言盈天下”，杨子之言影响可谓大矣哉，然杨朱其人其说终于不传。这样看来，《左传》不录，未可截然论定史无其人。

生于汉代的司马迁，去古未远，治史谨严，博览群书，广罗史事，于《史记》专为孙武立传，有《孙子吴起列传》问世，可证孙武其事其书之实，而后人不以《史记》之述为之补正，实令人费解。

5.1.2.2 《周易》

易学是研究《周易》的学问。《周易》亦称《易经》，简称《易》。对于《易》，今人演解它含三大理论（阴阳对立统一；五行生克制化；人和宇宙互为协调）、三大法则（易理探讨宇宙人生所变能变与不变之由；卦、爻示世界生成发育现象可从中寻求变化规律；用现象中的数理推求其变化过程以明人事、万物相关性及前因后果）、三大原则（自然规律原本简易，有其有序性可循，有其发展性可鉴）。全部内容包括《经》和《传》两部分，《经》是古代用为占卜的“八卦”符号（组成八卦的长短横道的爻）和名称（乾、坤、震、巽、坎、离、艮、兑）以及相关配合（阳爻和阴爻相配）组合而成的六十四卦和三百八十四爻，卦、爻各有说明（卦辞、爻辞）。《传》包含解释卦辞、爻辞的七种文辞共十篇，统称《十翼》（翼寓辅助之意）。经文系长期累积的产物，保存古代若干朴素辩证法观点。郑玄注已失传，魏王弼注、晋韩康伯注、唐李鼎祚《周易集解》，为古今通行本。

旧说《易》有三种不同系统：一是夏代的《连山》，由艮卦开始，象征“山之出云连绵不绝”；二是殷代的《归藏》，由坤卦开始，象征“万物莫不归藏其中”；三是周代的《周易》，由乾坤二卦开始，象征“天地之间、天人之际”。所谓《连山》、《归藏》已失传，独《周易》传世。人谓汉魏后象数学即为《连山》、《归藏》之遗，固无需细考，但可用为上述《易》学乃长期累积发展而成之佐证。关于《易》学，有人仅凭原有资料证《周易》“是我国辩证唯物主义和历史唯物主义哲学思想的最早起源”，当尚难贸然全面认同。

《易经》自古推崇为“群经之首”，“说《易》者数百家”。王弼重在把握经文整体含义，不拘一物一事之释，大体为宋代《易》学所仿效。顾炎武尝谓自古说《易》者“未见超出程传”。（程颐《伊川易传》）清代重字面考据，有非王弼之议。学术见解殊异自古已然，非有清而已。

人言《易》之八卦“为我国文字的雏形”，似非妄议。我国文化旧石器时期、新石器时期都有痕迹可寻，“有些学者认为中国文化来自西方”，原无事实和理据，未可信从。权不溯远源，仅以新石器时代距今六千多年的仰韶文化及后来的龙山文化等的陶器上的刻划简单的六七十个“记号”形态为例表明汉字在夏代已具模式（详见拙著《古汉语概述》，商务印书馆，2012 年），以此比照，“文字雏形”之迹可察。“汉字是以象形为基础、表意为主导而又兼有表音成分的表意制文字”（拙论《略谈汉字与汉语的适应性》，载英国《宏观语言学》1993 年第 3 期），八卦始初象形对象是什么，难以一言蔽之。比如，有学者认为属“人体象形文”并加申论（详见王俊龙先生《易学新启蒙》）。不管此论见识是否可取，作为对问题的探究而提出自己的见解，无可厚非，且从某种意义上说，是积极取向。当然，见仁见智，不同的看法是存在的，而这对问题的探讨却是有益的。随着社会的发展和学科的发展，不少学科派生出新学科，各学科内容纵横交错，互相浸透，多渠道开掘，实乃时代的召唤。

5.1.3 古籍的语言研究

整理古籍，要重视从语言角度的研究，注重揭示语言方面的规律性内容。但是在这方面，学术界似重视不够。现以《孙子》研究为例，略做阐发。

汉代以来，流传的兵书不少，曹操作了鉴选，注《孙子》十三篇。南北朝至宋出现许多新注本，成“十家注”，文从唐杜佑《通典》引《孙子》文的注语而成十一家注本。人们依循的就是这十一家注本，即《孙子》十三篇今本（宋本）。近年发现银雀山出土简本（竹简本），字数虽仅今本之三分之一强，但其中亦有可参补今本之处。不过人们常对《孙子》年代、作者、流传、著录、版本、校勘考证较多，而对《孙子》的语言因素注意不够。原来十一家注，要在观其会通，语言研究非其所重，今人能深入发掘语言因素，对内容的阐发自可百尺竿头更进一步，收到相辅相成的作用。

5.1.3.1 不明语法

《计篇》“将听吾计，用之必胜，留之；将不听吾计，用之必败，去之”的“将”，《孙子》十一家注本原有两种不同注释。孟氏说“将，裨将也”（按，用作名词“将官”）；王皙说“将，行也”（按，用作副词“行将”），今人《孙子译注》取“将，行也”的注释，但由于缺乏语法常识，注释正误兼容并包：“将，这里用作副词，抑将，行将，也就是假如。”事实上，“行将”是副词，“假如”是连词，二者不同；“抑”用来关联，相当于连词“还是”，表选择关系，也不能与“行将、假如”相混。其中一个注释是正确的，其余的注释是不正确的，正确与不正确的同时出现，这表明注释者自己也弄不清确切的语法意义（作用）。

“也”字《孙子》中出现 196 次，使用频繁。它一般用来表示肯定判断，对事物作肯定的说明或解释，同时连用“也”字逐一煞尾，既增强节奏感，又“带声拖出”，表示“悠扬不尽”之余韵（这样使用的“也”略同于今天的“啊、呀”，但不一定可用

"啊、呀"对译),多少带有一些感情色彩,更能打动对方。其妙用还与文章内容是否有起伏变化有关,也与起提顿之势的"者"相照应有关。凡此种种,宜随文详加剖析。可是,注家未曾重视。即便有所注意,也说不出所以然来。

近人林纾(琴南)《春觉斋论文》的《"也"字用法》是谈"也"字的专论。他说:"凡文中用'也'字,有解释义,有指实义。《始古录》谓欺阳《醉翁亭记》用'也'字,东坡《酒经》用'也'字,王荆公《度支郎中萧公墓铭》亦皆用'也'字,不知谁相师法,然皆出自《孙武子》十三篇中。"林纾所论,有浅尝辄止之嫌;"师法"之语,也只袭用明代人之成说而已。明代钱福就曾经说过,《孙子》的《行军篇》连用"此三十一'也',洞敌之情,彻肺腑发隐微之论"(《历子品粹》);王阳明说,"连用'也'字,文法开《醉翁亭记》法门。"(侯应琛辑《诸子汇函》卷十七)连用"也"字究竟怎么会产生"洞敌之情,彻肺腑发隐微"的魅力呢,根本没说,恐怕也并不一定说得出。况且,说连用"也",不说同时连用"者"相照应的作用,这也未免失之于偏。"者"字《孙子》出现228次,比"也"字出现频率还要高,能熟视无睹吗?总之,古今讲解《孙子》对这类内容未能细加阐释,语言因素分析之薄弱,仅此不难窥见。语法常识之不明,更是不言自喻。

5.1.3.2　不解方言

《势篇》"以利动之,以卒待之"的"卒",前人释为"兵卒"的"卒",今人沿用旧注,解为"重兵"、"伏兵",而不知应紧扣全篇"奇正"要旨,确解"卒"为"诈";亦不知比较《军争》"故兵以诈立,以利动"句"诈、利"对言以佐证旧释"兵卒"之失;更不知"诈"与"卒"方言常混,或说"卒"为"诈",或说"诈"为"卒",以正"以卒待之"实为"以诈待之"。顾炎武《日知录》"《公羊》多齐语"说实无庸置疑,僖公三十三年"诈战不日",何休注"诈,卒也,齐人语",便是一例。孙武本齐人,"诈""卒"相混,并不足怪。

一字之差,涉及对《孙子》全书的正确理解。《孙子》十三篇的前三篇重在战略思想的发挥,后十篇重在具体战术的妙用。前三篇的首篇《计篇》直截提出"兵者,诡道也",后十篇的《势篇》提出"以利动之,以卒(诈)待之",《军争篇》又提出"兵以诈立,以利动",前后照应,有物有序。这里的"诡、诈"正是《孙子》军事思想的核心。我国古代把战略叫"权谋",《孙子》把"权"(权变之义)视为优势的发挥,所谓"因利而制权",也称之为"诡"或"诈"。"诡诈"概念的提出,也是我国古代战略学形成的重要标志,而"成列而鼓"的军法概念则逐渐被抛弃,其涵义极深广。当时社会变动,战争频繁,是"诡、诈"概念产生的社会历史背景,也反映实用军事文化的新发展。它是孙子军事思想的结晶,也是社会历史发展的必然。由此不难看出,语言因素的揭示对思想内容的领悟往往是至关重要的。一字误解,往往也会影响整个思想体系的如实反映。

5.1.3.3 不重章句

《孙子》屡经后学增益、删选,章句有些错乱。其中,《九变篇》和《九地篇》是编次加工最粗糙的两篇。特别是元张贲、明刘寅和赵本学,受理学影响,反对句解,注重整体"分析",常妄改原书,致有与全篇主旨不合的。另外,《九变篇》前头五句:"圮地无舍,衢地交合,绝地无留,围地则谋,死地则战。"当中有四句与《九地篇》重出:"衢地则合交……圮地则行(按"无舍”与“行”异词同义），围地则谋，死地则战”；余一句“绝地无留”银雀山简本并不出自《九变篇》而出自《九地篇》。前人时贤对此无所用心，浮光掠影之情可见。

近年银雀山《孙子》简本出土，其《用间篇》末句有“燕之兴也，苏秦在齐”句，而苏秦是战国中后期人，晚于孙武，也晚于孙膑，这就出现一个《孙子》简本有失本真的问题。许多史料证明，《孙子》其人其书当在春秋末期的吴国（其书又流行于战国的齐国，屡经后人增益、删选）。曹操删选的《孙子》十三篇今本，其《用间篇》作“昔殷之兴也，伊挚在夏；周之兴也，吕牙在殷”，自是合乎情理。再查看秦代和两汉时期名种书籍所有征引《孙子》的文句，不出曹选十三篇之外（详见金德建《司马迁所见书考》，391—396页），唯独没有银雀山《孙子》简本“燕之兴也，苏秦在齐”的文句。可见银雀山《孙子》简本在章句上不是唯一可靠的。银雀山《孙子》简本（残缺严重）凡二千四百余字，我们从中发现了不少未见于现存史籍的佚文以及若干有关记述，这是可贵的。但不足为凭之处，尚应认真对待。

重视考释章句，当是研究《孙子》的重要一环。如若舍此而求他，满足于从《孙子》中寻找诸如引用、比喻、夸张、设问、对照、层递、顶针等等句例，意义并不太大，何况许多文史哲著作都可以找出上述同样句例，不独《孙子》而已。要论语言艺术，《孙子》全书用短句显简切明快而有力，倒值一提。

5.1.3.4 不究名制

宋以来武学教本多串讲大义和引附战例，对语言文字的训释很少建树，对名物制度的考释尤少过问。清以来也没有一个大家作系统精到的研究。举例来说，《计篇》的“计”，一般解释为“计谋”，当然不算错，但实际上十分粗疏，其深刻涵义应是“计算”，即该篇末了所说的“庙算”。庙算是指出兵前在庙堂上用一种叫“算”的计数工具进行计算。“算”用竹木小棍制成，也叫“筹”或“策”，古所谓“定计”、“运筹”、“决策”，都是指出兵前用这种竹木小棍计算敌我实力优劣的过程。这种制席起源甚早，弄清这种名物制度，该篇所说“故经之以五事，校之以计”的含义就能阐发得更深刻，“得算多”、“得算少”所确指的内容也方能揭示得更透彻。再举例说，《形篇》：“兵法：一曰度，二曰量，三曰数，四曰称，五曰胜。地生度，度生量，量生数，数生称，称生胜。”有本由军事科学院战争理论研究部注释的《孙子兵法新注》作这样的注释和讲解：“度：忖度、判断的意思；量：容纳的限度，这些指战场容量；数：这里指敌对双方可能投入的兵力数量；称：权衡，这里指双方力量的对比。”“根据战地地形的险易、广狭、死生等情况，作出利用地形的判断；根据对战地地形的判断，得出战场容量的大小；根据战场容量的大小，估计双方可能投入兵力的数量；根据敌对双方可能投入兵力的数量，进行衡量对比；根据双方兵力的对比，判断作战的胜负。”（36—37 页）这些注释和讲解，是单从字面上生发的，没有联系古代的军赋制度作解释，也就是没有从《孙子》引此古语的依据出发明其名物制度。“度、量、数、称、胜”都有特定含义，“地生度，度生量，量生数，数生称，称生胜”，指的是古代如何由土地面积的“丈度”决定出产粮食的“称量”，如何由出产粮食的“称量”决定兵力员额，如何由兵役员额决定敌我实力比较，如何由敌我实力比较决定胜负。着眼于这样的名物制度，注释讲解才能入木三分。（李零《关于〈孙子兵法〉研究整理的新认识》颇有独到见解，笔者同意李文见解，上述有所参引，读者可另详李文。）

总的说来，《孙子》研究应切实重视语言因素的开掘。戴震说："宋儒轻语言文字，是犹渡江河而弃舟楫，欲登高而无阶梯。"（段玉裁《戴东原先生年谱》），这是经验之谈。王力强调说我们只能从古人的书面语言去了解他们的思想，这是治学的科学方法论。《孙子》研究要是不重视语言因素的分析，不难设想，对《孙子》军事理论体系的科学价值的认识不会更充分深入。

有人不作基础性的语言因素的分析，随意作高层次的概括，断言全书思想内容可以"五事、庙算、先知、权变"八字概括，进而再简化，来个"计、算、知、变"四字诀，未免有失疏漏。

对任何论著思想内容的说明研究，都应该是内发的而不是外加的。离开语言因素的揭示，就做不到真正内发，做不到真正内发，就往往出现外加。王力说过这样的话，现在研究老子的人，如果他认为老子是唯物主义的，所注释的《老子》就是唯物主义的《老子》；如果他认为老子是唯心主义的，所注释的《老子》就变成唯心主义的《老子》（见《龙虫并雕斋文集》），这显然不是实事求是的。同样，重视《孙子》自身语言因素，说到底就是要如实阐发《孙子》思想内容。《孙子》反映了朴素的唯物论和自发的辩证法，它的哲学思想和军事思想受到重视是可喜的，但目前还不能说已经得到很充分的阐发，也不见得有一致的认识。认识不一致由来已久，宋代苏洵、高似孙，清代姚鼐，就有贬语。今天应该是科学地、如实地认识《孙子》并深入全面阐发的时候了，而其成效则取决于语言因素的发掘。

5.1.4 古籍的词语考释

郭在贻《训诂丛稿》指出(上海古籍出版社,1985年,189页):

> 《孙子兵法·势篇》:"乱生于治,怯生于勇,弱生于强。治乱,数也;勇怯,势也;强弱,形也。故善动敌者:形之,敌必从之;予之,敌必取之。以利动之,以卒待之。"文中"以卒待之"的卒字,旧注大都训为兵卒之卒,近年来的注本也都采此说。按:此解可商。请人俞樾在所著《诸子平议补录》卷三中,对此卒字曾有考辨,其说曰:"卒字疑诈之误。《军争篇》:'故兵以诈立,以利动。'亦以利与诈对言,是其证也。此言敌之未至,则以利诱之,使之从我;及其既至,又必出奇,力能制胜也。僖三十三年《公羊传》,'诈战不日',何休注日:'诈,卒也,齐人语也。'是齐语诈、卒声相近。孙子本齐人,其言诈如卒,故误为卒耳。"按俞说既有内证,复佐之以旁证,颇为允当,似可从之。

郭在贻认为"卒"训为"兵车"之"卒"可商,其根据是清人俞樾的考辨。笔者赞同郭在贻的见解,同时从俞樾的考辨中感到有些问题似宜相应提出。

5.1.4.1 训诂方法的综合运用对语词考释的重要性

《孙子·势篇》"以利动之,以卒待之"的"卒"长期以来被许多注释家所误解,而俞樾综合运用了训诂方法进行考辨,终于得到了合理的解释。第一,俞樾比较《势篇》"以利动之,以卒待之"和《军争篇》"兵以诈立,以利动",从后者的"利"与"诈"对言,觉察出前者的"卒"也该是"诈",亦即"利"与"卒"对言。第二，扣紧《孙子》“兵者，诡道也”的立论，阐发“敌之未至，则以利诱之，使之从我；及其既至，又必出奇，乃能制胜也”，探究“以利动之，以卒（诈）待之”的深刻含义。第三，引《公羊传》“诈战不日”何休注“诈，卒也，齐人语也”句以佐证齐方言“诈”、“卒”声音相近而混用，进而点明“孙子本齐人，其言诈如卒，故误为卒耳”。俞樾在这里“比文察义”、“依理探义”、“引书证义”、“因声求义”，综合训释，不为字形拘泥，亦不为成说胶固，考辨精审，言之成理。

俞樾的考辨反映了清代学者实事求是、无征不信的学风。王国维说“乾嘉之学精”，俞樾正发扬了乾嘉学者严谨的治学传统。《诗经·秦风·终南》“有纪有堂”中的“纪”和“堂”长期以来得不到合理的解释，王引之就是在对《诤经》以及其他有关资料作全面研究后才作出正确判断的。他先着眼于整部《诗经》，又着眼于同一篇的体例，还着眼于《诗经》异文，而后再循着声音的轨迹，得出“纪”借用为“杞”，“堂”借为“棠”的结论。俞樾的考辨与王引之的考辨何等相似！循途继轨，王国维更施乾嘉考证之学于出土钢器铭文考释，亦同见功效。限于篇幅，不另举例。凡此实堪为后学之楷模。

5.1.4.2 正“卒”为“诈”揭示了《孙子》战略思想核心

上文谈及，《孙子》十三篇的前三篇重在战略思想的发挥，前三篇的第一篇《计篇》直截了当地提出“兵者，诡道也”的基本观点，相应地又在后十篇（具体论述战术）中的《势篇》提出“以利动之，以卒（诈）待之”，《军争篇》提出“兵以诈立，以利动”的战术，“诡”与“诈”前后照应，毫不隐讳，这在《孙子》时代是空前而仅有的。我们知道，我国古代原先的军法概念是“成列而鼓”，而《孙子》“诡、诈”概念的提出，体现了《孙子》军事思想的核心，成为我国古代战略学形成的重要标志。当时社会急剧变动，战争日益频繁，这是“诡、诈”观念产生的社会历史背景；“诡、诈”概念的产生相应地反映实用军事文化的新发展。由此不言而喻，对《孙子》中“诈”的确解，关系极其重大。后世有些人由于认识的局限而未及深究，甚至对“诡、诈”的提出横加非难，自是值得深省，引以为鉴。北宋苏洵诋《孙子》为“武之失”（《嘉祐集·孙子》），南宋高似孙诋《孙子》为“背义而依诈乃用兵流毒之始”（《子略·孙子》），清代姚鼐诋《孙子》为“不仁人之言”（《惜抱轩文集·读〈孙子〉》），正都是受“成列而鼓”的古军法概念的束缚而妄议的实例。时至今日，“兵不厌诈”（“用兵以诈，治国以诚”）的战略思想是不是都有共同的认识呢？也还说不定。这或多或少地表明今人对某些战略战术问题还存在模糊认识。平心而论，《孙子》是我国现存的最早古代军事名著，其内容已如前述，是我国古代军事文化的结晶，“诡诈”战略思想是我国古代战略学形成的重要标志，俞樾正“卒”为“诈”指引了我们对《孙子》军事思想核心的深层认识。

5.1.4.3 正“卒”为“诈”启示不能低估古文献词汇因素的作用

吕叔湘、朱德熙《语法修辞讲话》第三讲《虚词》部分一开头曾经说到这样的话：“实字（词）的作用以它的本身为限，虚字（词）的作用在它本身以外；用错一个实字只是错了一个字而已，用错一个虚字就可能影响很大。《助字辨略》的作者刘淇说得好，‘一字之失，一句为之蹉跎；一句之误，通篇为之梗塞'。"这从实词与虚词在语言结构中的功用相比较来说，无疑是正确的。仍以《孙子》为例，笔者分析了全书，共6071字，去其重复出现的，只用了762字(多数与汉语单音成义特点相适应)，这762字中，出现三次以下的465字；出现百次以上的6字，即"也"字196次，"者"字228次，"故"字103次，"而"字185次，"不"字231次，"之"字337次。这6字，依传统看法，都归属于虚词。6字出现总次数共1280次，近占全书出现字次四分之一。它们用得如此频繁，被人们视为"表现血脉关键作用"，用错一个字，有可能由一句蹉跎而致通篇梗塞。这一事实正表明虚字作用的重要。但是，从实词的语义表达的全局看，认为"用错一个实字只是错一个字而已"，则未必尽然。比如《孙子》全书只出现一个"诈"字，即出现在"故兵以诈立，以利动"这个句子里，加上"以利动之，以卒待之"的"卒"正为"诈"，也只出现两次，然它却关系到已如上述的《孙子》全书军事思想精髓的理解，也关系到我国古代战略学形成的理解，其重要性几无与伦比。回顾历史，比较正误，更能表明这一实况。长期来把"以利动之，以卒待之"的"卒"释为"兵卒"的"卒"；唐代李靖以"卒"为"本"，说"以本待之者，谓正兵节制之师"，这所谓"兵师"，与"兵卒"看似有异，实无二致。今人一沿旧注，或释"卒"为重兵，或释"卒"为伏兵。郭化若《十一家注孙子》(中华书局)及《孙子今译》(上海人民出版社)，中国人民解放军战争理论研究部《孙子兵法新注》(中华书局)，陶汉章《孙子兵法概论》(解放军出版社)等等，多达十余种，亦皆辗转袭解，一无例外。这样一来，《孙子》军事思想及其哲学基础的理解因"卒"这一实词的误解而深受影响。俞樾正"卒"为

“诈”，正本清源，使盛誉为我国古代军事文化奇峰的《孙子》的核心思想如实地展示于众（可惜俞樾的灼见尚未尽为世人所知晓），难能而可贵。由此及彼，综观其他古文献的整理和注释，实词的作用决不能低估。

国内外学者们所依据的是《孙子》十一家注本，即经曹操鉴选的《孙子》十三篇今本。近年发现银雀山汉墓出土简本（竹简本），字数虽仅今本之三分之一强，但其中亦有可参补今本之处。不过人们常对《孙子》年代、作者、流传、著录、版本、校勘考证较多，而对《孙子》语言的研究注意不够。原来的十一家注，要在观其会通，语言研究非其所重，今人能深入发掘语言因素，对内容的阐发自可百尺竿头更进一步，收到相辅相成之良效。但遗憾的是，在银雀山汉墓《孙子》竹简本出土后，《孙子》研究存在问题的解决仍少进展，基本情况没有深刻变化。比如《形篇》“地生度，度生量，量生数，数生称，称生胜”，这“度、量、数、称”都有与军赋制度有关的特定含义，而文物出版社的竹简本《孙子兵法》依然没有从《孙子》引用这样的古语的依据出发阐明其名物制度，达到确切了解它们的含义。军事院校出版的《孙子》译文照抄竹简本，也没有深入发掘其含义。我们由此也不难看到，对《孙子》词汇现象的认识与说解着实有待正视。

5.1.4.4 正“卒”为“诈”也启示对《公羊传》音系的研究

《公羊传》“诈战不日”（僖公三十三年）的“诈”，俞樾转引何休注为“卒也，齐人语也”，这是正确的。今人由于不了解《公羊传》音系特征，多有忽视。《春秋三传比义》的作者不解“诈战不日”宜为“卒战不日”，觉得文意难以贯通，遂认定《公羊传》此处“无以自圆”，“不可取”。事实并非《公羊传》“无以自圆”，而是《春秋三传比义》作者不谙《公羊传》音义，有所误解。

《春秋·公羊传》源于古齐地（今胶东一带），其著录多由口授，我们从中找出了许多古齐语资料。清初顾炎武《日知录》说“《公羊》多齐语”，其根据就是《公羊传》自身所提供的资料。《公羊传》除上述“诈”为齐语“卒”之外，其他注“齐人语”的有21处，人名、地名未标注齐语而实属齐语的96处。一部比较流行的古籍，间寓这么多方音因素，未尝不是一部探求古齐语音系的好文献。有位青年撰写《〈公羊〉齐语证》一文，根据语言学审音知识和历史比较语言学原理，从中找出了有关古齐语资料，并用来与现代胶东方言相对应，揭示了其中一脉相承的关系，这是相当可贵的，有其历史意义和现实意义。当然，这应该说还是一个有益的尝试，而进一步探源析流，无疑将是语言工作者的新课题，也是从事古文献研究的重要环节。

5.1.5 古籍的文学语言分析

先秦时期，哲学、史学、文学统称文字。魏晋南北朝时期，文学开始独立于史学和哲学之外。到了现代，文学则专指用语言塑造形象，以反映社会生活、表达作者思想感情的艺术。国学大师黄侃先生说：“一切文辞学术，皆以章句为始基。”古籍的整理同样需要重视对文学语言的分析。现略介绍几点。

5.1.5.1 历来文章探析若干流弊

历来论述诗文常有晦涩不明之弊。《文心雕龙》是我国古代文学理论专著，较全面总结前代文学现象，把文学理论批评推向新阶段，成为我国古代文学批评史杰作，其历史地位和贡献不言而喻，然书中不少叙述难以捉摸，亦有目共睹。《体性篇》赞曰："才性异区，文辞繁诡。辞为肤根，志实骨髓。雅丽黼黻，淫巧朱紫。习亦凝真，功沿渐靡。""肤根、凝真、沿、渐靡"便甚晦涩。《风骨篇》赞曰："情与气偕，辞共体并，文明以健，珪璋乃骋。蔚彼风力，严此骨鲠。才锋峻立，符采克炳。""文明（文辞）、符采（文采）"也欠明确。理论阐述费解，指导实践必受局限。

具体讨论每篇作品，亦有玄虚空泛之嫌。所谓"跌宕取神、匣剑帷灯、复笔取神、辘轳旋转、鹰隼槃空、两扇开阖、空中楼阁、光怪离奇、倒卷珠帘、响遏行云、风云变态、追魂摄魄、炼气归神、神光离合"诸语，似难确解。类此还有所谓"回荡、英爽、神韵"等亦不便如实言传。

此风由来已久，相沿成习。清人誉李清照"草绿阶前"句"极似唐人笔法"，评《醉翁亭记》通篇用 20 来个"也"字"妙极"，今人析《阿房宫赋》"一口气用了六个也字，读了以后大有人间天上之感"。诸如此类，既未说"是什么"，又不析"为什么"。其不着眼于语言因素的分析揭示，于此可见一斑。语言因素尚且未能分析揭示，文学因素从何谈起？有人讲《鸿门宴》连提 90 多问，联想可谓"丰富"，而听者对全文字句却仍不甚了了。

5.1.5.2 加强文学修养

具体说，要有文体风格知识。魏晋南北朝开始，分文学为韵文和散文两大类，这两大类又各有许多不同样式。这样的分类很重要，也是语文分析的起码常识。举例来说，"美人"这个词在古代韵文中只是指心里所怀慕的对象，没有性别上的涵义，《诗经·邶风·简兮》“彼美人兮，西方之人兮”和《离骚》“恐美人之迟暮”的“美人”就都是这样；而在散文中“美人”却用来指“美女”，《韩非子》“魏王遗荆王美人”和《史记·秦始皇本纪》“所收诸侯美人钟鼓以充入之”的“美人”，便都是指“美女”了。然而宋代苏东坡《赤壁赋》中“望美人兮天一方”的“美人”却又是指心里所仰慕的贤人；因为苏文的体裁是赋，赋是“古诗之流”，属韵文范畴，是继承诗骚传统的，所以也袭用诗骚词义。其他像历史散文《左传》为求语义明确，同义互训复词多，诸子散文《老子》为求深发哲理，反义词多，《诗经》比起《论语》、《老子》、《荀子》、《韩非子》来，则联绵词多，不同文体有不同语言特色。文学因素和语言因素互相渗透；随着文体风格有异，对作品分析的具体要求当多加关注。同时，古代作品也有个文风问题，说废话的不少。有那么一些送行、寿序、墓志铭等应酬文字，大多言之无物，就可不读，更无需“欣赏”（中有可取的如韩愈《柳子厚墓志铭》之类当作别论）。古文浩如烟海，不是每篇值得赏析，取舍当否，常与文体风格常识有关。

此外，还要有文学史知识。谢灵运《登池上楼》“池塘生草春，园柳变鸣禽”句被誉为“诗中日月”、“出水芙蓉”，李白、杜甫也盛赞它，宋代吴可赞还说是“春草池塘一句子，惊天动地至今传”，金代元好问说是“池塘春草谢家春，万古千秋五字新”，谢灵运本人当时竟说“此语有神助，非吾语也”。谢的诗句为什么会有这么大的魅力而受到这么高的评价呢？“池塘春草”句贵在反映新的生活气息。这联系诗人大半辈子的境遇，就看得十分清楚。谢灵运因祖父是东晋名将谢玄，十八岁便袭封为康乐公，到刘宋时成为东晋遗臣，由公爵降为侯爵，未被重用。他自恃才高，不时评议时政，权臣视为眼中钉，因被外放，任永嘉太守。他心有愤懑之情，在太守任上不理政务，寄情山水以自遣。卧病日久，每以未能任性遨游为苦。病愈登楼，眼看池塘芳草萋萋，耳听林间春莺和鸣，饱览满园春色，置身于明媚春光之中，心旷神怡。“天然去雕饰”的“池塘春草”句即兴而出。这不是什么“神助”，只是诗人久病初愈，政治上失意的沉郁暂时消释而欣喜之情猝然与阳春烟景相遇所唤起的。这种新生活气息溢于言表也就更能体现修辞上“诚”与“达”的要求。《周易·乾卦》说“修辞立其诚”，“诚”是真心不诈伪的意思；《论语·卫灵公》说“辞达而已矣”，指的是说话写作要把意思表达明白。既能“诚”又能“达”，真实性与艺术性完美统一。它冲破了“玄言”诗坛的迷雾，诗风为之一新。

对此诗若忽视文学诸因素，说它好在“淡如清水，明白如话”，不免浅尝辄止；又若单凭主观感受，从“意境清新，景色如画”中层层联想、生发，恐显游谈无根，有违诗作本真和诗坛史实。

5.1.5.3 加强语言修养

限于篇幅，只能举例说明一二方面。

(1)《孟子·离娄》：“蚤起，施(yí)从良人之所之，遍国中无与立谈者。卒之东郭墦间，之祭者，乞其余；不足，又顾而之他。此其为餍足之道也。其妻归，告其妾，曰：‘良人者，所仰望而终身也，今若此！’与其妾讪其良人，而相泣于中庭；而良人未之知也，施施从外来，骄其妻妾。”

此例上文曾提及，现在再展开谈谈。如果要想弄懂这段话，真正体会到作者想要表达的文意，那么首先就要明白文中“施”的意思。文中几个“施”字《辞海》说“通‘迤’：斜行”，并引证上述《孟子》为例。汉字与汉语单音成义相适应，“施”《说文·㫃部》说“旗旖施也，从㫃，也声”；“㫃”《说文》说“从屮，曲而垂下，㫃相出入也。”“㫃”段注：“从屮者，谓杠（旗杆）首之上见者”。依此，“施”的意符（形符）“㫃”本义是旗子的飘带在微风中左右飘扬的样子。了解这些意思，我们就可以把上面描写齐人及其妻的情态体味得更加细致入微。如果不分析与汉语单音成义的“施”的意符，不推求“施”的本义，就不可能深入理解“施、施施”所表示的动作的生动性与形象性。不作文字词汇分析，则文学因素难以具体体现由此可窥一斑。比较用“斜行”两字来解释，则优劣自见。

（2）《后出师表》有这么一段话：“自臣到汉中，中间期年耳，然丧赵云、阳群、马玉、阎芝、丁立、白寿、刘郃、邓铜等及曲长屯将七十余人，突将无前，賨叟、青羌散骑武骑一千余人，此皆数十年之内所纠合四方之精锐，非一州之所有；若复数年，则损三分之二也，当何以图敌？”通常“耳”和“矣”同是表示陈述语气的词，但这里“中间期年耳”的“耳”绝对不能换用“矣”，否则必如《助字辨略》作者刘淇所说，“一字之失，一句为之蹉跎；一句之误，通篇为之梗塞”。“耳”往小说处，极言时间之短暂（仅周年），随后历数损失之多，前后对比，险隋毕现；“矣”却往大处说，言时间之久长（对周年看得重），自与后文不相协调，必使语句“蹉跎”，通篇“梗塞”。对此能稍作提示，读者由此及彼，闻一知十。遗憾的是，历来析文未加指点。

(3)丘迟《与陈伯之书》“主上屈法伸恩，吞舟是漏”句要讲解得恰如其分，需要运用词汇、语法、修辞诸方面知识。仅以“吞舟是漏”而论，探求用典出处，《庄子·庚桑楚》有“吞舟之鱼”，桓宽《盐铁论·刑德》继有“网漏吞舟之鱼”等，属词汇学内容。“吞舟之鱼”省说成“吞舟”，并提到动词“漏”前以示强调，属语法学(省略及语序)内容。“吞舟之鱼”用来比喻梁朝对犯人过分宽大，又属修辞学内容。古人行文往往综合运用词汇、语法、修辞等手段，我们也要相应地综合运用词汇、语法、修辞等知识细加分析。

凡所分析，都应紧扣上下文。比如一般说“呜呼”是感叹词，泛用来表悲哀，但它在使用状态中便不仅表哀，应视作品上下文而定。试比较：“呜呼！汝病吾不知时，汝殁我不知日。”(韩愈《祭十二郎文》)“呜呼！亦盛矣哉！”(张溥《五人墓碑记》)前者表哀叹后者表赞叹，若离开上下文而囿于一解，则会感到困惑。

5.2 训诂学常用术语

训诂学的术语很多，本书仅介绍一些常用术语(包括特定格式)。

5.2.1 某，某也

这是训诂最常用的特定形式，表示某一个词当解释为另一个词(解释的词在后，被解释的词在前)。比如：

(1)《诗经·魏风·硕鼠》：“三岁贯女，莫我肯顾。”毛传：“贯，事也。”

有时可不用“也”，作“某，某”。比如：

(2)《诗经·召南·采蘩》：“于以采蘩，于沼于沚。”毛传：“于，於；沼，池；沚，渚。”

(3)《荀子·劝学篇》：“木直中绳，輮以为轮，其曲中规，虽有槁暴，不复挺者，輮使之然也。”杨倞注：“輮，屈；槁，枯；暴，乾；挺，直也。”

(2)例一个“也”字也不用，(3)例只有末了用了一个“也”字。《尔雅》之类的分类词汇也常用这种格式，它们将意义相同或相近的词放在一起，下面作一个总括性的解释。比如：

(4)《尔雅·释诂》：“初、哉、首、基、肇、祖、元、胎、俶、落、权舆，始也。”

5.2.2 谓、言、犹、曰、谓之

谓 使用这个术语的时候，被解释的词放在前面。它往往用来表示以一般释特殊或以具体释抽象。“谓”相当于“指的是”或“说的是”。

(1)《论语·子罕》：“后生可畏。”何晏注：“后生，谓少年。”

(2)《论语·阳货》：“君子学道以爱人。”孔安国注：“道，谓礼乐也。”

这个术语有时也用来表示比喻意义。比如：

(3)《诗经·邶风·谷风》：“何有何亡，黾勉求之。”毛传：“有，谓富也；亡，谓贫也。”

言 这个术语加在解释的词语之前，组成“某，言某也”的格式。它有阐述的意思，多用来串讲大意，或总括一段话的中心意思。比如：

(1)《左传·僖公二十年》:“子鱼曰:‘君未知战,勍(qíng)敌之人,隘而不列,天赞我也。’”杜预注:“勍,强也。言楚在险隘,不得陈列,天所以佐宋。”

(2)《素问·六节藏象论》:“草生五色,五色之变不可胜视,草生五味,五味之美不可胜极。”王冰注:“言物之化,禀化各殊,目视口味,尚无能尽之,况于人心乃能包括耶。”

例(1)用以串讲大意;例(2)用以总括一段话的中心思想,意即人的嗜欲更加复杂,很难用一句话来概括。

犹 用这个术语组成“某,犹某也”的格式,大致和现代“等于说”相当。仔细分析,“犹”的用法有好多种:一是以意义相近的字来解释,如“漂犹吹也”(“漂”本训“浮”字,因“吹”而“浮”);二是以引申义释本字,如《孟子·梁惠王上》“老吾老以及人之老,幼吾幼以及人之幼”句,赵岐注“老犹敬也,幼犹爱也”(按词性相应变化);三是以本字释借字,如《文选·册魏公九锡文》“若赘旒然”句,李善注引何休《公羊解故》云“赘犹缀也”;四是以今语释古语:“掺掺犹纤纤。”(《诗经·魏风·葛屦》:“掺掺女手,可以缝裳。”《诗集传》卷五:“掺掺,犹纤纤也。”)

曰 相当于现代的“叫”或“叫作”。使用这一术语时,被解释的词在后面。比如:

(1)《尔雅·释地》:“两河间曰冀州,河南曰豫州,河西曰雍州,汉南曰荆州,江南曰扬州,济、河间曰兖州,济东曰徐州,燕曰幽州,齐曰营州。”

除一般释义外,它还特别用来分辨同义词和近义词。比如:

（2）《论语·先进》："加之以师旅，因之以饥馑。"朱熹注："穀不熟曰饥，菜不熟曰馑。"

（3）《论语·学而》："有朋自远方来。"郑注："同门曰朋，同志曰友。"

这类的"曰"多半用来给词下定义。

谓之　"谓之"和"曰"、"为"的作用一样，可以任用其一。试比较下面实例：

（1）穀不熟曰饥，菜不熟曰馑。（《论语·先进》朱熹注）

（2）穀不熟为饥，蔬不熟为馑。（《尔雅·释天》）

（3）二穀不升谓之饥，三穀不升谓之馑。（《穀梁传·襄公二十四年》）

"谓之"亦作"为之"（《尔雅·释丘》"绝高为之京"），又作"之谓"（《孟子·告子》"生之谓性"）。

但是"谓之"和"谓"不一样。试比较：

<table>
<tr><td rowspan="4">"谓之"和
"谓"前后
次序相反。</td><td>野外</td><td>谓之林。（《尔雅·释地》）</td></tr>
<tr><td>（释词）</td><td>（被释词）</td></tr>
<tr><td>道，</td><td>谓礼乐也。（《论语·阳货》）</td></tr>
<tr><td>（被释词）</td><td>（释词）</td></tr>
</table>

5.2.3　当为（当作）、读为（读曰）、读若（读如）、之言（之为言）

当为（当作）　凡遇原文有误字误读须更正的，就用"某当为某"或"某当作某"这个格式。比如：

（1）《周礼·夏官·训方氏》："诵四方之传道。"注："故书'传'为'傅'，杜子春云：'傅当作传。'"

(2)《礼记·缁衣》："资冬祈(大)寒。"注："资当为至，齐鲁之语，声之误也。"

读为(读曰) 这一术语表示用本字说明假借字。比如：

(1)《诗经·卫风·氓》："隰则有泮。"郑笺："泮读为畔。"(按泮为泮宫，畔为田界)

(2)《尚书·尧典》："播时百谷。"郑玄注："时读曰莳(移栽)。"

"泮"、"时"是通借字，"畔"、"莳"是本字。我们理解时自然不能单纯地看作读音问题，而要把读音和释义都当作"畔"、"莳"看待。

读若(读如) 这一术语多用来拟声注音。段玉裁说："读如、读若者，拟其音也，古无反切，故为比方之词。"比如：

(1)《说文》："哙，咽也，从口，会声。或读若快。"

(2)《吕氏春秋·夏纪》注："饬，读如敕。"

一般说来，"读为、读曰"的功用是"易其字"，"读若、读如"的功用是"拟其音"。但是，有时候"读若"、"读如"的作用和"读为"、"读曰"相同，也是用本字来说明假借字。比如：

(3)《礼记·儒行》："起居竟信其志。"郑玄注："信，读如屈伸之伸，假借字(这里指'通假字'而言)也。"

如上所述，"读为"、"读曰"和"读若"、"读如"的分别在于：前者是用本字破假借字；后者一般是用于注音。然而有时"读若"、"读如"也是用本字来破假借字，这是古人使用术语不严密而产生的混乱情况。所以前人对"读若"的性质还曾经有过三种不同的说法：一说"读若"是拟音(段玉裁)，二说"读若"是假借(严章福)，三说"读若"既有拟音又有兼明假借(王筠)。

通常则从第一种说法。至于“读若”的体例，前人归纳有 13 种之多，一般说来，重在了解“读若”的性质。

之言(之为言) 这一术语和前面讲的“言”不同。使用这一术语时，必然是“声训”：除了释义之外，释者与被释者之间有时是同音的关系，有时是双声叠韵的关系，与词义的推原有关。其格式为“某之言某也”，“某之为言某也”。比如：

(1)《论语·季氏》：“吾恐季孙之忧，不在颛臾，而在萧墙之内也。”郑玄注：“萧之言肃也。墙谓屏也。君臣相见之礼至屏而加肃敬焉，是以谓之萧墙。”

(2)《论语·为政》：“为政以德，譬如北辰，居其所，而众星拱之。”朱熹注：“政之为言正也，所以正人之不正也；德之为言得也，得于心而不失也。”

“肃”、“正”、“得”除了从意义上分别注释了“萧”、“政”、“德”之外，释者与被释者之间还有语音上的关系：“肃”、“萧”双声，“正”、“政”同音，“得”、“德”同音。

5.2.4 浑言、析言

浑言 笼统地说。

析言 分析地说。

这是指出近义词的共同义和区别义时所用的术语。比如：

(1)《说文·鸟部》：“鸟，长尾禽总名也。”段注：“短尾名隹，长尾名鸟，析言则然，浑言则不别也。”

“浑言”也称“统言”、“通言”、“散言”或“散文”，“析言”也叫“对言”或“对文”。比如：

(2)《说文·草部》：“茅，菅也。”段玉裁注：“按统言则茅菅是一，析言则菅与茅殊。”

“对言”是指相对(同时使用一组近义词)而言，相对而言的文辞就叫“对文”；“散言”是指不相对(零散使用近义词)而言，不相对而言的文辞就叫“散文”。段玉裁在综合剖析前人这些训诂材料的基础上就“浑言”、“析言”及其字例作出确切的说明，更丰富了传统训诂学在词义方面的理论与实践的内容。

“浑言”彰其同，“析言”明其别，旨在揭示同义词间内在联系与区别。“浑言”、“析言”诸条例的广泛运用，对训诂学的发展起了促进作用。但是应该指出：“对文”、“散文”的说法早在唐代就已经出现，强调的是同义词的使用方式；清代的“浑言”、“析言”则是训释方法，应属两个范畴。但它们有密切的联系。对于不同场合使用的词语，一般要有不同的训释方法。

5.2.5 其他

貌 这个术语表明被解释的词是表示某种性质或状态的，相当于现代汉语的“……的样子”。它的基本格式为“某，某貌”。有时也用“……之貌”。比如：

(1)《周易·咸卦》释文引王肃注：“憧憧，往来不绝貌。”(用现代汉语说，就是“往来不停的样子”。)

(2)《诗经·王风·氓》：“氓之蚩蚩，抱布贸丝。”毛传：“蚩蚩，敦厚之貌。”(一说借为“嗤嗤”，犹嘻嘻，笑也。)

辞(或作“词”) 这一术语用来指明文句中的虚词。比如：

(1)《诗经·周南·汉广》：“汉有游女，不可求思。”毛传：“思，辞也。”

(2)《说文·禾部》："秔，稻属。""稗，禾别也。"("秔"同"稉"、"粳"，稻的一种；稗，叶像稻，果实像黍米，稻田害草。)

对此，段玉裁有精确的说明："凡言属者，以属见别也。言别者，以别见属也。重其同，则言属，秔为稻属是也；重其异，则言别，稗为禾别是也。"

"属"又叫作"丑"，比如：

(3)《尔雅·释鸟》："鳧，雁丑。"

还要顺带提到的是"连属"的"属"。"连属"即"连读"，表示上下文意和语气要相连。比如：

(4)《左传·宣公十年》："公出自其厩射而杀之。"杨树达认为："仍当从旧读，以'自其厩'下属为是。"(意思是"公出"为句，"自其厩"与"射而杀之"连在一起为句。)

一曰、一名 "一曰"用以指出别义，或指出并存数说；"一名"限于用来指别名。比如：

(1)《说文·艸部》："薡，鹿藿也……一曰蔽之属。"

(2)《说文·艸部》："蘘，蘘荷也，一名葍蒩，从艸，襄声。"

破读、读破 用本字去改读古书中的通假字，称为"破"，也叫"破读"、"破字"或"易字"。比如：

《周礼·天官·疡医》："疡医掌肿疡、溃疡、金疡、折疡之祝药……"郑玄注："'祝'当为'注'，读如'注病'之'注'，……'注'谓附著药。"贾公彦疏："云'祝'当为'注'读者，疾医非主祝说之官，为'祝'则义无所取，故破以'注'。'注'谓注药于中。"("破以注"就是说经文中的

"祝"字应以本字"注"改读。)

这里既说"当为",又说"破",那么前面说过的"当为"、"当作"、"读为"、"读曰"之类也都可称为"破字"或"易字"了。

"读破"则是另一种含义,即改变一个字的原来读音以表示意义的转变。比如《西门豹治邺》"皆衣缯单衣"的两个"衣"字,前者改读去声(穿着,动词),后者按原来字音读平声(阴平)。改读的主要是声调,所以有人把这类的"读破"又称"四声别义"。

有时候,读破字不仅是声调的差异,而且有声母、韵母的不同。比如整齐的"齐(qí)"读破为"齐(zhāi,同'斋')"。有时候,读破字不是声调的差异,而是声母的差异,比如音乐的"乐(yuè)"本来就是入声字,读破为快乐的"乐(lè)",仍是入声字(普通话读去声)。

现代汉语中也有不少改读字音以区别意义和语法作用的例子。比如"分开"的"分"(动词素)读为 fēn,"名分"的"分"(名词素)读为 fèn;"收藏"的"藏"(动词素)读为 cáng,"宝藏"的"藏"(名词素)读为 zàng。

古书中注明应读破的字,凡常见的、历史悠久的,现在仍应按传统习惯读法,如"降表"的"降"读 xiáng,"陟降"(升降)的"降"读 jiàng。除了上述情况,不一定都一一改读。比如"三"字用于表示实数时读 sān,用于表示虚数时旧时要改读 sàn,现在就不必改读,照一般的读音去读就可以了。

出现"读破"的客观原因是词义的引申发展。由于语言中某一个词(字)产生了新的意义或新的语法作用,为了在读音上也有所区别,使表达上更加明确,就把这个字念为别一种读音以表示差异。读音不同，意义及语法作用也不同。因此，改读不是任意的，必须有充分的根据。“读破”在东汉时已出现，魏晋南北朝以后便日益多见。给古籍作注的人，对是否改读都要郑重研究，我们也不能忽视。

如字 这个术语是表明某字当读本音，与“破读”、“读破”相对而言。比如：

(1)《左传·隐公元年》：“卫侯来会葬，不见公，亦不书。”杜预注：“诸侯会葬，非礼也。不得接公成礼，故不书于策。他皆仿此。卫国在汲郡朝歌县。”陆德明《经典释文》：“朝，如字。”

这就是说，“朝”应读 zhāo(招)，不读 cháo(潮)。

(2)《诗经·魏风·硕鼠》：“逝将去女，适彼乐土。”《经典释文》注云：“乐，音洛；土，如字。”

这也就是说，“土”照习惯上最通常的读音读。

一般说来，照习惯上最通常的读音读，可以不加注。除非认为有可能被人误读，才注明“如字”。

通语、凡语、代语、转语 通语指非地区性的普通词语，如《方言》卷一：“娥、嬴，好也。秦曰娥，宋、魏之间谓之嬴。秦、晋之间凡好而轻者谓之娥。……好，其通语也。”通语也可以指几个地区内普遍使用的词语，如《方言》卷二：“朦、厖，丰也。自关而西，秦、晋之间，凡大貌谓之朦，或谓之厖；丰，其通语也。”

凡语即一般通用的词语。比如《方言》卷一：“嫁、逝、徂、适，往也。自家而出谓之嫁，由(犹)女出为嫁也。逝，秦、晋语也。徂，齐语也。适，宋、鲁语也。往，凡语也。”

代语指方言之间意义相同可互代的词语。比如《方言》卷十三:"梁、益之间谓鼻为初,或谓之祖。祖,居也。"郭璞注:"鼻、祖,皆始之别名也。转复训以为居,所谓代语者也。"

转语指因时、地不同或其他原因而音有转变的词。有音转而义不变的,如《方言》卷三:"庸谓之倯(sōng),转语也。"庸、倯是叠韵相转。《方言》卷十:"煤(huǐ),火也,楚转语也,犹齐言焜(huǐ),火也。""煤、焜、火"是双声相转。有音转义变而分化为不同的词的,如《尔雅·释水》:"大波为澜,小波为沦。""澜"、"沦"是双声相转(音转义变而成不同的词,然其音义仍有联系)。

变文、互文(互辞、互言、互文见义、参互见义) 用"变文"这个术语,说明引用原文时词语有变动。古人写文章为避免前后重复或为增添文章色彩,引用前人文章时有意改变某些词语,这是常见的情况。比如:

(1)《汉书·翟方进传》:"兄宣,静言令色,外巧内嫉。"

"静言令色"原用《论语》"巧言令色"之文。变"巧"为"静",是为了避下文"巧"字。

此外,不是变动引用原文的字眼,而是在行文中变动词语,以协和音响,避免词语单调、重复,也属变文。比如:

(2)流共工于幽州,放驩兜于崇山,窜三苗于三危,殛鲧于羽山。(《尚书·尧典》)

清·王筠《说文句读》中说:"《左传》曰:'流四凶族',《尚书》'流'、'放'、'窜'、'殛'同意。变词以成文耳。"王筠用《左传》来印证《尚书》,指出这里的四个词都是流放的意思,其所以不同用一个，是为避免重复，不使单调。了解变文现象，有助于全面理解句意。比方说，“殛”这个词，现在不少词书都解释为“诛杀”或“杀”，而同时却引用上面《尚书·尧典》中同一句例。若依照这些词书的解释，就只好把流放注成诛杀了，可是这便与历史事实不符。按王筠的说法理解，就比较确切了。

“互文”这个术语，说明上下文有互相交错补充的情况，必须合起来理解，意思才完整。贾公彦《仪礼注疏》说：“凡言互文者，是两物各举一边而省文，故云互文。”互文关键在“互”上。比如：唐代王昌龄《出塞》诗“秦时明月汉时关”的“秦”和“汉”便是互文，旨在互相补充。诗句实际意思是“秦汉时明月秦汉时关”，但写出来以后，上头说“秦”而略“汉”，下头举“汉”而隐“秦”。“秦”与“汉”都兼及“明月”与“关”，作者各举一边而成文，读者却得两边合文以察义。“互文”又叫“互言”、“互辞”、“互语”、“互文见义”、“参互见义”。比如：

(3)《诗大序》：“动天地，感鬼神。”孔颖达《正义》：“天地言‘动’，鬼神言‘感’，互言耳。”

互文的基本作用是使有关的词语互相辉映、暗示，从而收到意义全面而行文简洁的效果。比如前面提到的《出塞》，全诗怀念秦汉时代抗击外患的武功与当时的名将，暗中责备唐代边将不得其人。其中“明月”与“关”的含义不同于一般，自不待说。如果把“秦”、“汉”两字割裂开来，孤立理解“月”属秦而“关”属汉，那就是胶柱鼓瑟了。

“互文”是求行文简洁，“变文”是求避免单调、重复，两者不同。如“即从巴峡穿巫峡，便下襄阳向洛阳”的“即”、“便”同义虚词，交替使用以求变化，有人列为“互文”的另一种形式，实在还是应该归入“变文”的。否则，把用实词的说法讲成“变文”，用虚词的说法讲成“互文”，道理就说不通了。

今文、古文、故书　汉初的经学书籍都是用隶书写的，当时称为“今文”。到了汉武帝末年，鲁恭王因建王府而拆孔子住宅，在夹壁中发现了一些用战国时代字体（有人又称为科斗文）写的经书，和原来存世的今文经书有些不同，于是就有许多人去研究它，这就称为古文经学。随后就形成今文经学派和古文经学派的对峙。今文经派重在微言大义，古文经派重在章句训诂；今文经派认定孔子之后才有经，古文经派主张六经在孔子前便存在。今古文经学的差别开始时主要是经书书写字体的不同。今文用的是汉代通用的隶书，古文写的是战国文字；今文经书在行文中多用本字，古文经书则多用假借字。汉代经学家郑玄兼通古今文诸经，作经注时能用今文本、古文本和故书本来校对，择善而从，并注明“某字今文作（为）某”，“古文（为）某”，“故书作（为）某”。比如：

(1)《仪礼·士相见礼》：“毋改，众皆若是。”注：“古文‘毋’作‘无’，今文‘众’为‘终’。”

(2)《周礼·天官·小宰》：“七事”注：“七事，故书为‘小事’。”

“故书”等于说“旧本”。“故书”专用于《周礼》，因《周礼》只有古文本，没有今文本，无称“古文”之必要。

这里“今文”、“古文”、“故书”以及前面谈到的“当为”、“当作”之类，已涉及文字校勘问题。有关文字校勘的还有“夺（脱）”、“衍”、“倒（倒乙、乙）”、“讹”、“本作”、“一本作”、“本亦作”、“一作”、“又作”、“或为”、“或作”等等，不一一示例了。

以上常用术语除了已分别说明外，也可作这样的归类：分别近义词的（曰、谓之、为），用近义词或引申义作解释的（犹），用共名释别名的（属、别），形容状态的（貌），说明虚词的（辞），声训以求语源的（之言、之为言），声训读破的（读为、读曰、读若、读如），正误的（当作、当为）等。但是，重要的还在于对每一个术语有正确的认识，如何归类是次要的。

5.3 训诂障碍和弊病

白兆麟《简明训诂学》（浙江教育出版社，1984 年）指出："训诂是为扫除古代书面语言的障碍而独立存在的学术工作"，而在这一工作中的障碍有"字形变异、传写讹误、文字通假、雅俗分歧、词义演变、音读不定、词语省略、章句无读"等。周大璞《训诂学要略》（湖北人民出版社，1984 年）指出，历来训诂学的弊病有"厚古薄今、党同伐异、烦琐寡要、穿凿附会、增字改经、随意破字、误虚为实、拆骈为单、不懂古语、不通语法"。这八个障碍、十个弊病的陈述有现成的书作在，恕不复说。下面另说一些应该正视的障碍和弊病，或亦有助于训诂工作的认知。

5.3.1 解说不清

医药典籍《内经素问》有多处谈到"解㑊"，王冰注："解㑊谓强不强，弱不弱，热不热，寒不寒，解解㑊㑊然不可名也。"说了半天，含含糊糊，使人看了不知道到底是什么意思。清人于鬯在《香草续校书》中说"解㑊即解惰之义"。清代医家陆九芝在《世补斋医书》中说："《内经》言解㑊者五，解音懈，㑊音亦，皆倦怠病也。"于、陆两人的解释比较明确。他们告诉我们，

"解㑊"就是懈怠而懒散无力的意思,本身就是一种病态。王冰的解释很不清楚,使人无法意会。

出于各种因素导致语言自身意义的不确定,也会引致解说不清。比如《论语·先进》:"回也其庶乎？屡空。"邢疏:"一曰屡犹每也,空犹虚中也。其于庶几每能虚中者唯回。"意即中心虚空,能接受教诲。朱熹注:"屡空,数至空匮也(常常到了生活无着落的地步),不以贫窭动心(可是并不因生活困难而动摇心志)而求富。"又有人以为屡空即"楼空",光明通达无滞。《史记·项羽本纪》:"又闻项羽亦重瞳子。"裴骃《集解》:"尸子曰,舜两眸子,是谓重瞳。"另有人说重瞳即大眼珠,双倍于常人,故言重。又如《后汉书·光武帝纪》:"皆冠帻而服妇人衣,诸于绣𧜵(同褔,短袖的上衣)。"《正字通·衣部》作注释:"衧,诸衧,即诸于,今俗呼披风敞袖是也。"这里"诸于"作"古代妇人的外衣"来解释,如不加指点,也会引起歧义(混同于一般代词"诸"和介词"于")。

5.3.2 故作高深

扬雄喜用奇字,班固喜用古字,沈义父还主张"说桃不可直说破桃","说柳不可直说破柳",等到"教初学小儿,说破这是甚物事,方见妙处"(《乐府指迷》)。似乎存心不让人家一看就懂,以此炫才华,见妙用。刘知几在《史通·言语》中谈到的"怯书今语,勇效昔言",无疑是确有所指的。

沈义父不仅主张"教初学小儿"要故作高深,在语词运用上也主张说桃"须用红雨、刘郎等字";说柳"须用章台、灞岸等字"(《乐府指迷》),甚而说"浅学俗流,多不晓此妙用"(同上)。其实,用这"红雨、刘郎、章台、灞岸"之类,说是代称也好,说是用典也好，都不是语文认知的正轨。现具体认识一下"红雨、刘郎、章台、灞岸"的所谓"妙用"的究竟。

红雨——唐代李贺《将进酒》："况是青春日将暮，桃花乱落如红雨"，用"红雨"喻落花，有人便把"红雨"与"桃"联系在一起。

刘郎——唐代刘禹锡《再游玄都观绝句》："种桃道士归何处？前度刘郎今又来"，别寓所怀，有人便把"刘郎"与"桃"联系上。

章台——唐代韩翃有姬柳氏，安史之乱，两人奔散，柳氏出家为尼，后来韩翊寄柳氏诗云："章台柳，章台柳，昔日青青今在否？纵使长条似旧垂，亦应攀折他人手"（汉代北宫有章台门）。诗句以"章台柳"寄寓"柳氏"，语意双关，有人便把"章台"和"柳"牵合在一起。（按："章台"有多种含义，旧时一些文献曾以"章台"为妓院的代称。）

灞岸——在长安东，汉代人送客到此处，折柳赠别，以寄依依惜别之情，有人便把"灞岸"（又作"灞桥"或"霸桥"）与"柳"联系在一起。

如此这般，圈子越绕越大，寓意随之越来越玄，有似引人捉迷藏。

北京师范大学俞敏教授著文说，他发现一个新的修辞格，叫作"札闼洪庥"格。什么叫"札闼洪庥"格呢？原来宋朝的宋祁和欧阳修在一起编史书，宋祁喜欢用生僻字，加上行文苟简，怪不好懂。有一天，宋祁往访欧阳修，见门上书写着"宵寐匪祯，札闼洪庥"，宋祁思之未解，欧阳修解释说，"这是夜梦不祥，书门大吉"。宋祁悟出欧阳修是在有意讽刺他好用古僻字。这一旧事，是一般文人共晓的，可是有些人陋习未改，想的是如何施展架势，标新立异，而不是想如何对读者负责。再者，章太炎说，“毛病”的“毛”是“瘼”的别字，即便如此，它已积非成是，约定俗成，没有必要写成“瘼病”，否则反叫人不懂。

5.3.3 浅尝辄止

上文曾谈到，谢灵运《登池上楼》的“池塘生春草，园柳变鸣禽”句受到历代诗人的称赞。它好在什么地方，却不曾具体讨论。笔者认为它之所以长期来成为传诵佳句，是因为在一定历史条件下从内容到形式都显示出当时诗坛所少见的特色。具体说来，就是：第一，它饱含新鲜生活气息；第二，它拨开当时“玄言诗”迷雾；第三，它合乎修辞上“诚”与“达”的原则。这三者是主要的，其余当然还可以再说上一些。要之，语言因素分析与文学因素分析相结合，赏析才能丝丝入扣，入木三分，否则这样那样的失误在所难免。上述三者的阐析，可另参拙著《语林探胜》第 184—185 页(中州古籍出版社，1997 年)。

析文浅尝辄止，相沿成习。说清人誉李清照“草绿阶前”句“极似唐人笔法”，评《醉翁亭记》通篇用 20 来个“也”字“妙极”，今人析《阿房宫赋》“一口气用了六个也字，读了以后大有人间天上之感”。诸如此类，既未说“是什么”，又不析“为什么”。其不着眼于语言因素的分析揭示，于此可见一斑。语言因素尚且未能分析揭示，文学因素从何谈起？有人讲《鸿门宴》连提 92 问，联想可谓“丰富”，而听者对全文字句却仍不甚了了。所以，这类情况是应该引起注意的。

5.3.4 缺乏历史观

缺乏历史观点，往往不能如实地揭示古汉语内部规律。《左传·襄公二年》“以索马牛皆百匹”，有人认为“牛当称头，疏略也”。这是依照清人俞樾“古人行文不嫌疏略”中的说法(俞樾《古书疑义举例·卷二·十五》)。这种所谓“疏略”，俞樾又解释为“因马而名牛曰匹，并言之耳”(同上)。是不是纯属疏略呢？从语言自身的历史发展上看，并非“疏略”二字所能解释。古汉语发展的史实表明，不但春秋时期没有名量词“头”，战国时期也没有名量词“头”，“头”较早出现在《汉书·西域传》里。《左传》全书只用两个“头”字，而这两个“头”字都不是量词。既然先秦根本没有名量词“头”，怎么可以说该用“头”而“疏略”呢？先秦名量词不发达，汉魏以后才大量增加，名量词“头”出现是汉代的事，俞樾的说法显然是缺乏历史主义观点，误以后世用法概之。作者撰有《俞樾〈古书疑义举例〉一失之我见》(《中国语文》1997.5)详加剖析，可参看。

5.3.5 虚实不辨

人们常常因不辨词的虚实而误解文意。比如《墨子·小取》:“举也物而以明之也。”毕沅先把“也”当虚词来解释，可是讲不通，便说“‘举也’之‘也’疑衍。”王念孙认为“也”不是衍字，他说“举他物以明此物，谓之譬，故曰:辟也者，举他物以明之也。”(《读书杂志》九《墨子第四》)《墨子》书中常用“也”当“他”，毕沅不了解这一点，就产生了错觉。又如《战国策·齐策一》“靖郭君之于寡人，一至此乎!”的“一”相当于“竟、乃”，是副词;李白《丁都护歌》“拖船一何苦”的“一何”相当于现代汉语的“多么”，这些如果都当实词理解，就讲不通。再如《韩非子·显学》"无参验(证明)而必之者,愚也"的"必"用作动词,是"确定、肯定"的意思,不是副词"必定";《中山狼传》"从井以救人"的"从"用作动词,是"跟着"(跟着下井去)的意思,不是介词"从、自"(从井里……)。

对在使用状态中的词,应多注意其虚实的分辨,防止误虚为实或误实为虚,以确解文意。

古人在这方面也有可取法的。如《诗经·召南·行露》"岂不夙夜,谓行多露"的"谓",清人马瑞辰说:"'谓'疑'畏'之假借。凡《诗》上言'岂不'、'岂敢'者,下句多言'畏'。《大车》'岂不尔思,畏子不敢';'岂不尔思,畏子不奔'。《出车》'岂不怀归,畏不能趋'……《左传》引逸诗'岂不欲往,畏我友朋',与此诗句法相类。"马瑞辰联系上下句法并把同类句法加以比较,从而确定词义,当有可取。今人高亨《诗经今注》说"谓"字"当读为惟,是个发语词",未免误实为虚了。类似情况是《墨子·公输》"夫子何命焉为"的"为"是实词"有","焉"是宾语提前的标志,用以强调提前宾语(有人解释"焉"是复指提前宾语,我们不主张采用这种说法);"命"是命令、教诲。"何命焉为"就是"有何命"、"有何教诲"。有人把"为"解释成语气词,就嫌不妥。又如《诗经·小雅·棠棣》"虽有兄弟,不如友生"的"生",马瑞辰看作"语词"(按:古人用"语词"指虚词),今人高亨《诗经今注》注"友生"为"友人"。如依马说,则高说有误虚为实之嫌。另有人把"友生"的"生"和"借问别来太瘦生"的"生"等同看待,说成词缀,这意味着"生"盛行于唐代,而发源早在《诗经》时代。这看似只是一个词的解释问题,而实际上涉及词的内部发展的一些规律性问题了。

5.3.6 名家混述

清代江声在《六书说》中说:“凡一字而兼两谊(义)者,除本谊之外皆假借也。”江声把引申误解为假借了。其实,引申是词义在本义基础上的发展变化,假借是用音同音近字来记录语言中的词,前者是词义演化的问题,后者是用字的问题。如果把一字(词)兼有两义、三义的引申也视为假借,在研究词义时就会认识混乱,分不清词义发展变化的来龙去脉。果真如此,那就只会使词义研究失去科学性。

钱大昕对假借也有误解。钱大昕《古同音假借说》:“汉人言读若者,皆文字假借之例,不特寓其音,并可通其字。”随后便举群书实例;“鄦读若许”、“珣读若宣”、“勼读若鸠”、“妿读若阿”、“瞿读若句”等。文末结语:“以是推之,许氏书所云‘读若’……皆古书假借之例,假其音并假其义,音同而义亦随之,非后世譬况为音者可同日而语也。近时尊信《说文》者,知分别部居之不可杂,欲取经典正文悉改而从许氏之体,是又未谕许君通假之例矣。”钱大昕这些说法,至少反映了三处模糊认识。一是把汉语注音方法说成“假借”。众所周知,古代最早的注音方法,一种叫“譬况”,如《公羊传·宣公八年》何休注云“言‘乃’者内而深,言‘而’者外而浅”。这里所说的“内、外”是指舌的前后位置变化,用的是“譬况”(按:钱大昕说“非后世譬况为音者可同日而语也”,把“譬况”说成产生于“读若”之后,实则不然,“譬况”早于“读若”之前)。但是由于“譬况”的最大缺点是很难比得像,加上古今语音变迁,人们常难以捉摸,于是产生另一种注音方法“读若”,即用一个汉字注另一个汉字的音。由于汉字表音功能的局限,用“读若”也得不到正确字音，后来又用直音法，如“诞音但”（《尔雅》郭璞注）。可是完全同音的字不一定都有，有时找到的同音字比被注的字更难认，直音法也就失去应有的效用。往后又有意识地普遍地用反切注音。钱大昕把上述注音方法中的“读若”说成是假借，实属误会。二是认为假借（“读若”）既“假其音并假其义，音同而义亦随之”，这又进而把假借混淆于“音近义通”、“音随义转”诸现象了。假借只借其音，于义无涉，钱大昕此说亦属误会。三是“许君通假”之语，亦甚令人不解。“通假”一词何时用起，暂且不论；但可肯定地说，许慎原无“通假”字样。用后来称述的“通假”去替换许慎论述的“假借”实有未当。总而言之，对钱大昕古音假借之说，作者未敢苟同。钱氏《古无轻唇音》诸说，从语音发展的历史延展性和地域延展性出发解释语音发展的内部规律，论述有据，成传后不朽之作，自不待言，而《古同音假借说》则学界未尝有赞语当是不无缘由的。

5.3.7 认知局限

认知局限的现象十分广泛，此处仅举古汉语语音一例。作为语文工作者，必须从掌握古汉语语音内部规律入手，用以指导工作。比方说：

《诗经·商颂·长发》“敷政优优”和《左传·成公二年》“布政优优”意思一样，“敷”和“布”古代读音也差不多，这是“古无轻唇音”的缘故。上古没有 f 一类唇齿音声母，后代读 f 的，上古也读作双唇音（即重唇音）；“敷”古代读作重唇音字，就跟“布”读音一样。由于语音的发展，“敷”现在读作轻唇音声母字，便和“布”读音不同了。

了解与掌握古汉语语音内部规律不仅有助于古籍的阅读

与教学、工具书的查检，而且对古今字的识别、通假字的辨认以及对反切字音的拼读等也都有重要作用。比如表示“依仗”或“凭借”等意思的“冯”（píng）字与作为姓氏用的“冯”字形体一样，为使二者形体有区别，表“依仗”或“凭借”意义的“冯”与“凭”就形成了一对古今字：“冯”是古字（先造的），“凭”是今字（后起的）。了解古无轻唇音这条规律，就会知道“冯”今天除了代表姓氏之外，其他场合都读 píng（如《左传》“冯持其众”之类），不读 féng。从这一角度出发，我们不难看到识别古今字往往得借助语音。

凡此种种，集中说明一个事实：从事语文工作，少不了古汉语语音知识。

此外，还有随意类推、沿讹袭谬、背离规律、不合逻辑、方法不当等问题，限于篇幅，不再多谈。

第六章　训诂学的新推究和新发展

训诂学萌芽于先秦，兴盛于两汉，魏唐趋于保守，宋明渐显中落，清世转向复兴。这是从主要表现着眼的，不排除个别领域的起衰。到了现当代，训诂学趋向新发展。东学西渐与西学东渐在相当程度上成为训诂学研究发展的动因。

6.1　古汉语虚词要“明其义训”

古代所谓语辞（简称“辞”）是我们现代说的虚词，或称虚字。杨树达《词诠》收词条472，为历来收词条最多的虚词书。他在《词诠·自序》一书中说道：“首创其词类，次明其义训，终举例以明之。”正如王力所说：古代汉语“虚词可以作为词汇的问题来解决”。吕叔湘的《文言读本》很重视虚词的运用。张永言回顾历史，引了王引之的讲虚词的书《经传释词》的序言中的话：“语词（虚词）之释肇于《尔雅》”，进而说：“王引之对古书语词的解释是非常精到的。”同时说：自汉以来，说经者“语词之例则略而不究”，“使其文扞格而意不明”。（张永言《训诂学简论》，华中工学院出版社，1985年）

有鉴于此，本书特就古汉语虚词加以综述并诠要。先作必要的提示：

在汉民族文化传统的许多领域中，人们广泛运用一种朴素的辩证观点。客观事物被认为是包含着两种对立因素的统一体。这两种因素被概括为“虚”和“实”两个范畴。在对语言现象的认识方面，“虚”、“实”观念的确立，由来已久，正如王引之《经传释词·自序》所说，“肇于《尔雅》”，沿于后世。但历来称述不稳定，宋代开始出现了“虚字”、“实字”的说法，才使之趋于稳定。这是语言历史事实的一个方面。语言历史事实的另一个方面，是我国古代没有独立分科的语法学，古人讲语法有两条路子，一是句读，一是虚字，既跟训诂学相结合，又跟修辞学相联系。虚字由于历来所用术语都未见定义，内涵外延不明确，因而造成理解的不便。虚字相当于虚词，是实字（实词）的对称，它不能单独充当句子成分，但同句子的语法结构密切相关，这是今人的共识；然而古人没有这样的认识。为了掌握关于虚字诸现象和古人对它的说解，现略作阐述。

6.1.1 虚字综述

汉语缺乏严格意义的形态变化，因而虚词在表现语法范畴的系统中显得十分重要。前人重视虚词的说解，正是由汉语特点所决定的。可是古人区分虚字、实字多从意义考虑，偏重于人们主观印象的描写，缺乏明确标准，所用术语一般也无定义，特别是最初用“辞”、“语词”这类术语表示虚词，未见定义，人们难以明确理解。比如：

(1)王曰：叟！不远千里而来，亦将有以利吾国乎？

（《孟子·梁惠王上》）

——汉代赵岐《孟子章句》：“曰，辞也。”

(2)微我无酒，以敖（后作“遨”）以游。

（《诗经·邶风·柏舟》）

——毛亨《诗诂训传》：“非我无酒，可以遨游忘忧也。”清代徐灏《通解堂经说》卷十三加了个按语：“灏按：‘微’，疑是语词；古‘微’通作‘无’，‘无’亦语词也。”

(3)季文子三思而后行，子闻之，曰：再，斯可矣。

(《论语·公冶长》)

——朱熹《论语集注》：“斯，语辞。”

例(1)用“辞”指动词“曰”，例(2)用“语词”指用作动词的否定词“无”，例(3)用“语辞”指副词“斯”(另解为“指示代词”)，而“辞、语词、语辞”这些术语的定义未曾出现。

前人对“辞”等的表述，还有很大的随意性。比如清代袁仁林《虚字说》：“呜呼、噫嘻之类，非言也，注为辞，言此乃写声之文辞也。”这里先用“辞”释虚字，又用“文辞”释“辞”，而且“辞”与“言”对举，给人的感觉，“言”是就实词而言。

鉴于已成的语言史实，今人郑奠、麦梅翘《古汉语语法资料汇编》把“辞”、“文辞”等都归到“语助的各种称谓”的栏目下。作为资料汇编，自然只能这样，别无选择。然而如果用现代的眼光观察，以上种种，实不可取。术语标志着某种现象已被从本质上概括体现出来，也标志着许多与之近似的现象已被区分出去，“辞”、“语辞”、“文辞”之类显然难以体现这些。特别是袁仁林《虚字说》中所谓“非言也”的“言”，“文辞也”的“文辞”，更谈不上属于内涵和外延确定的术语。这样，科学的抽象思维势难进行，误解也就难免产生了。有一位学者写了一部《中国修辞学史稿》，其中有这样一些叙述：“先秦时代，提到的‘辞’字，有的指‘语辞’，有的指‘文辞’，没有一定。”“汉魏以前，语辞实在和文辞并重，后来既然以文辞代替语辞，便再也看不起语辞了，于是古人饰辞专对的技术，也就淹没而不传了，从此修辞便成为属文所专有的事……”这就把称述虚词的“辞”、“语辞”、“文辞”和“修辞”牵合在一起了。

虚词早在上古初期殷商时代就出现了，有“以”、“自”、“若”、“其”、“不”、“勿”、“弗”、“毋”、“则”、“乃”、“向”、“从”、“于”、“乎”、“及”等。语气词在西周以后逐渐多起来，甚至有在一句中连用三个语气词的，如“已焉哉”、“也乎哉”等。殷商时期，刻写不便，语气词只好省去，西周以后随着生产发展，刻写和模铸的条件改善，情况自然有所改变。

古汉语的虚词有些是由实词发展来的，有些是借用同音的实词来表示的。所以，古汉语的虚词大体上可分为三类：

一是由实词发展演变来的，如“而”、“则”等。

二是借用同音词来表示的，如“夫”原是“丈夫”，“之”原是“出草”，“其”原是“簸箕”，“此”原是“停止”，“耳”原是“耳朵”等。这些虚词，原有的词汇意义已同用作虚词的语法意义根本不相干了。

三是同音同形而有不同词性或不同词义的，如“之”既可相当于现代的“的”，也可相当于“此”，还可相当于“到”。用现代的眼光看，它们彼此之间没有意义联系，应看作同形的同音词。

虚词用得很频繁。上文谈及，《孙子兵法》全书 6071 字，去其重复出现的，只用了 762 字。这 6071 字中，出现百次以上的虚字(词)6 个，却合计出现 1280 次，近全书出现字次的 1/4(笔者还分析统计了其他用字，因与本节没有直接联系，暂且从略)。由此也可以看出，弄懂古汉语虚词的意义，同时知道如何使用，对于读懂文献是很重要的。

虚词的作用不以它自身为限。吕叔湘、朱德熙引《助字辨略》的话说："一字之失，一句为之蹉跎；一句之误，通篇为之梗塞。"（《语法修辞讲话·虚词》）《助字辨略》作者刘淇和吕、朱的见解是正确的，但是没有更具体举例。下面以诸葛亮《后出师表》的一段话中"耳"的使用为例作分析说明，加以印证：

> 自臣到汉中，中间期年耳，然丧赵云、阳群、马玉、阎芝、丁立、白寿、刘郃、邓铜等及曲长、屯将七十余人，突将无前；賨、叟、青羌散骑、武骑一千余人。此皆数十年之内所纠合四方之精锐，非一州之所有。若复数年，则损三分之二也。当何以图敌？

"耳"往小处说，极言时间之短暂（仅周年），随后历数损失之多，前后对比，险情毕现。如果此处的"耳"改用"矣"，必不妥，因为"矣"往大处说，言时间之长（对周年看得重），自与后文不相协调，致语句蹉跎，通篇梗塞。"耳"、"矣"这两个语气词的不同作用在一般短句子中也可以显示出来，如"五十余耳，而已衰"，"五十余矣，轻健若少年"两句：前者用"耳"表示对"五十余"看得轻，有往小的方面说的语气；后者用"矣"表示对"五十余"看得重，有往大的方面说的语气。

虚词的合理解释与自觉运用，历来的学者都感到并非易事。清代阮元说"实字易训，虚词难释"（《经传释词·阮序》）；明代李东阳说"用实字易，用虚字难"（《麓堂诗钞》），都是经验之谈。但学科在发展，认识在深化，解释趋向合理，运用的自觉性也相应提高了。正像下面各句中虚词的功能，我们已可恰如其分地加以分析说明，并用为语言实践的借鉴：

(1)公将鼓之，刿曰："未可。"（《左传·庄公十年》）

(2)齐人三鼓,刿曰:“可矣。” (《左传·庄公十年》)

例(2)用“矣”意味着事态变化,即从原先例(1)中的“未可”到“可矣”的变化,表明了出现一种新情况。用不用“矣”语意大不一样。

对虚词的了解和说明,最好结合句法分析。比如“也”字《尚书》里没有出现过,而当它由实词借用为语气词之后,使用日益频繁。但是到了中古,“也”字渐少使用了,为什么呢?因为当时口语里常用判断词“是”,判断句便摆脱了语气词“也”了。这样一来,上古说法和中古说法随之不同。试比较上古和中古两种说法:

(3)伯夷、叔齐,孤竹君之二子也。

(《史记·伯夷叔齐列传》)

(4)豫章太守顾邵是雍之子。(《世说新语·雅量》)

口语或接近口语的句子已摆脱了“也”字,只是在正统的文言文中照样使用,后世亦然。

对虚词的了解和说明,也要联系文章内容和语句音节各种因素全面观察剖析,揭示其规律。上文谈到,林纾注意到“也”字问题,写了《“也”字用法》专论,这是可贵的,可惜他的着眼点与方法论都有欠妥之处。他的专论主要谈了三方面内容:一是说《醉翁亭记》等都用了连串的“也”字,作为问题的提出;二是说“不知谁相师法”,进而追溯到《孙子兵法》“也”字的使用,算是找到源头;三是说“古人用之则可,吾辈学之则立形其呆相”,大有可望不可及之意。林纾的这些论述,是不明晰的、不能令人满意的。其实,从用在判断句末表判断、解释和说明的功用方面考察、问题就显豁多了。《孙子兵法·行军篇》连用三十几个“也”，是为了作出十分肯定、十分明确的军事判断和说明，“也”字的用与不用意义大不一样。另外当时语言中没有表判断的“是”，只能采用这个方式表达，以兼起句读作用。《醉翁亭记》用了二十来个“也”而不显得平板，原因尤在内容不断有变化。林纾的“古人用之则可，吾辈学之则立形呆相”的神秘观，是因为他没有体察到内容的起伏变化因素。在这一点上，先师唐文治（清进士，位至尚书，后办学、讲学）比林纾高明，他在《国文经纬贯通大义》中讲解文章的48法，曾论及《醉翁亭记》连用许多“也”之妙，指出该文有“起伏变化”因素，故不见呆相。至于文章的音节作用，历来文人都相当重视，韩愈写文章在这方面就十分讲究。清代桐城文人刘大櫆《论文偶记》所说“音节为神气之迹”，“积字成句，积句成章，积章成篇，合而读之，音节见矣；歌而咏之，神气出矣”，正说明了“音节与神气”有密切联系。文章气韵通过朗读更能体现，古人所谓“书声琅琅”、“文情并茂”，这从朗读实践中就体现得很具体。王力主张对古文要“熟读领悟”，使语言因素与文学因素互衬，形式与内容交辉，很值得我们重视。《唐蔚芝先生读文灌音片》（按：唐蔚芝即先师唐文治先生），凡读散文等，分阴阳刚柔，继桐城文人读文之法而又有所发微，语言之美随声呈现，情意内发益深。笔者近聆中华人民共和国成立前录制先师读文灌音片琅琅书声，在对语言因素的揭示方面深受启发。2001年6月初，笔者应南京师范大学、泰州师专之邀前去讲学，高声试诵文言文，对被认为起“血脉关键作用”的文言虚字倍加重视其语音要素，俾利于内发文章内蕴，文质相资。在座师生如入佳作胜境，报以热烈掌声。这一效应是始料未及的。由此笔者不禁更加想到语言学的一代宗师王力再三强调的一句话："古代汉语语法问题可以通过熟读领悟来解决。"（《中国语言学史》，第211页，山西人民出版社，1981年）文气充沛跟句子组织息息相关，句子组织又跟起"血脉关键作用"的虚字息息相关。文言文的写作与表达，文言的虚字是举足轻重的。学习文言文，对文言虚字作用的领悟入木三分，对文章内容的领悟也相应地深刻入微。由此可见，学习、掌握虚字的重要性更是不言而喻了。

学习虚词一般以了解单音节的为常。后世不少虚词的产生，除由实词虚化等以外，还依靠单音虚词本身的复合，同样值得重视。如由"无"构成"无论"、"无非"等，由"然"构成"然后"、"然则"等，由"于"构成"对于"、"关于"、"终于"等，由"而"构成"因而"、"甚而"、"既而"等，由"则"构成"否则"、"或则"、"虽则"等。这些未尝不可以说是虚词结构，但发展到后来，结合很紧，已经是复合虚词了。虚词的复合化同实词虚化程度关系很大。一般说虚化越彻底（如助词），在句中的黏着性越强，独立性越弱，复合化较难，形式常以单音为主；相反，虚化越不彻底（如副词），在句中黏着性越弱，独立性越强，复合化较易，形式常以双音为主。

一般对单音虚词讲得比较多，对复音虚词讲得比较少。读古籍遇到单音虚词不理解，翻翻一般讲虚词的书基本上能解决问题，遇到复音虚词，一般讲虚词的书少讲或不讲，因此必须对复音虚词多留意。洪成玉有鉴于此，著有《古汉语复音虚字和固定结构》（浙江教育出版社，1984年）颇有实用价值。下面就举些复音虚词的例子：

(1)齐城之不下者，独唯聊、莒、即墨；其余皆属燕。

（《史记·燕世家》）

——“独唯”也作“唯独”，“仅”的意思。

(2)然操遂能克绍以弱为强者，非唯天时，抑亦人谋也。（《三国志·蜀志·诸葛亮传》）

——“非唯”，“不仅仅”的意思。

(3)停船暂借问，或恐是同乡。（崔颢《长干行》）

——“或恐”，有“可能”的意思。

文言虚词的含义，现代只能作大致相当的对译。有一些文言虚词，现代汉语里找不出相应的词来的（如“所”这一助词），就只好不对译了。

还必须注意，同样形式的虚词，古今作用不同，要防止错觉。

因——“因”在现代汉语中表示原因，是连词。在古代汉语中多用为介词（也有用为连词的，但较少），表示行为赖以发生的依据。例如：

(1)善战者因其势而利导之。

（《史记·孙子吴起列传》）

(2)衡乃拟班固《两都》作《二京赋》，因以讽谏。

（范晔《后汉书·张衡传》）

(3)今人有大功而击之，不义也。不如因善遇之。

（司马迁《史记·项羽本纪》）

例(1)(2)(3)的“因”都是介词，可以分别译为“依照”、“借”、“趁（这个机会）”。

因为——“因为”在现代汉语中是表示因果关系的连词。

在古代汉语中“因”与“为”是两个词。例如：

(1)是以圣人不期修古，不法常可。论世之事，因为之备。（《韩非子·五蠹》）

(2)因为长句，歌以赠之。（白居易《琵琶行》序）

例(1)“因”是介词，“为”是动词，可译为“依据形势提出”；例(2)“因”是连词，“为”是动词，可译为“于是作了”。

虽然——“虽然”在现代汉语中表示让步关系，是连词，与“但是”相呼应。在古代汉语中，它是由连词“虽”与代词“然”两个词组成的。“虽”相当于现代汉语中的“虽然”，“然”相当于现代汉语中的“如此”、“这样”，可译为“虽然这样(但是)”。例如：

(1)安陵君曰：“大王加惠，以大易小，甚善；虽然，受地于先王，愿终守之，弗敢易！”（《战国策·魏策四》）

(2)是以十九年而刀刃若新发于硎。虽然，每至于族，吾见其难为；怵然为戒，视为止，行为迟。

例(1)(2)“虽然”就是“虽然这样”的意思，承上文自成一顿，后面有转折之意。

然而——“然而”在现代汉语中用来表示转折，是连词。在古代汉语中，它是由代词“然”与连词“而”两个词组成的；“然”作“如此”、“这样”讲，指代前边的行为，“而”作“可是”、“却”讲，表示转折；可以译为“如此，可是”、“这样，却”。例如：

(1)老者衣帛食肉，黎民不饥不寒；然而不王者，未之有也。（《孟子·梁惠王上》）

(2)夫环而攻之，必有得天时者矣；然而不胜者，是天时不如地利也。（《孟子》）

以上是就古今差异说的。至于一个语言形式在古汉语中的不同作用则不胜枚举："且"表并列关系（"既盲且聋"），又表递进关系（"公语之故，且告之悔"），还表选择关系（"天下尊秦乎，且尊齐乎"）；"虽"表让步关系（例句已见上述），又表假设关系（"国一日被攻，虽欲事秦，不可得也"）；"抑"表选择关系（"敢问天道乎，抑人谋也"），也表转折关系（"若圣与仁，则吾岂敢？抑为之不厌，诲人不倦，则可谓云尔已矣"）。

还有一般讲虚字或句法的书常要提到固定格式（包括凝固状态），如洪成玉《古汉语复音虚词和固定结构》便是一例。对固定格式，要从它的整体性着眼，注意它的使用习惯。"……者……"、"……也"、"……者也"、"之谓也"、"其……之谓矣"、"其……之谓乎"习惯上用来表示对事物的判断及有关解释说明；"有……者"习惯上用来表示对事物的判断；"如何"、"奈何"、"若何"、"如……何"、"奈……何"、"若……何"习惯上用来表示对事物的询问；"孰与"习惯上用来表示对事物的比较和选择；"无乃……"、"得无……乎"习惯上用来表示对事物的测度；"何以……为"、"何……为"、"何为"、"不亦……乎"习惯上都用来表示反问。注意这些使用习惯，自然有助于对汉语语法规律的更好掌握。

6.1.2 虚字诠要

传统传注笺疏，重在训释实词，对虚词往往只注"辞也"。历来讲虚字的书，有专篇讲释的，有结合析句或选文兼释的，收字或多或少，讲释或详或略，书作不下百种。收虚字最多的，要算杨树达的《词诠》；逐字用例、细大不捐、悉数铺陈的，当推裴学海《古书虚字集释》和胡吉宣《玉篇校释》相关部分。

其间失于疏略者有之，言多而不要其中者亦滋甚。吕叔湘有鉴于此，驭以现代学科方法论，就近200个文言虚词，去芜存精，钩玄取要，揭其规律，明其理据，奏画龙点睛之效，对初学者来说，可谓以少胜多，事半功倍，为同类书作之上乘。本书附录另附专文，对杨树达《词诠》和何乐士《古代汉语虚词词典》略做评介，可参看。

限于篇幅，本书对古汉语虚词不再逐一介绍。

6.2 20世纪传统训诂学的新发展

训诂学至清末完成了旧训诂学的全部历程，开启了新训诂学之端绪，作为传统语言学的一个分支而与音韵学、文字学鼎立，成为一门古老又年轻的学科。

新训诂学承继传统训诂学而摆脱了经学附庸的地位，开始以语言为研究对象，探讨语言演变规律，总结研究的方法，检讨旧有的术语，扩大研究的范围，借鉴新兴语言学的理论，力求建立起自身的学科体系，推动训诂学的新发展。

6.2.1 传统训诂学的新开拓

清代训诂学家以"一言一事，必求其证"的朴学学风考释古代文献，为我国的学术发展作出了卓越贡献。清末，保持朴学学风、承乾嘉盛世遗绪在传统训诂学领域取得新成果的有俞樾和孙诒让。俞樾著有《群经平议》、《诸子平议》、《古书疑义举例》等。《古书疑义举例》分七卷88类例（凡数百例），前四卷51例重在训释，后三卷37例重在校勘，把训诂学的研究推广到句、段，乃至篇章的大范围内，"是一部总结性又富有启发性的训诂学名著"。（《中国学术名著》语言文字卷，第256

页，复旦大学出版社，1992 年）是书刘师培“叹为绝作，以为载籍之中，奥言隐词，解者纷歧，惟约举其例，以治群经，庶疑义冰释，盖发古今未有之奇也”。马叙伦誉为“发蒙百代，梯梁来学，固悬之日月而不刊者也”。（悉见《古书疑义举例五种》，第 159、249 页，中华书局，1983 年）俞樾弟子章太炎亦备加赞扬。继其踵师其例者有刘师培《古书疑义举例补》，杨树达《古书疑义举例续补》，马叙伦《古书疑义举例校录》，姚维锐《古书疑义举例增补》，张岱年《古书疑义举例再补》，裴学海《古书疑义举例四补》等。孙诒让著有《周礼正义》、《墨子间诂》、《尚书骈枝》、《名原》等。所著《札迻》12 卷积其 30 多年研读古书心得，校勘订正了秦、汉至齐、梁间 78 种古书中的讹误衍脱千余条，校释范围涉及文学和医学等方面。他为经、子训诂树立了雅范。

章太炎及其弟子黄侃是传统训诂学的殿军，又是新训诂学的开拓者。章太炎承乾嘉学派的治学方法，又接受了西方普通语言学和比较语言学的原理，以中学为体、西学为用，融会贯通旧解新知，兼包并蓄新内容和旧形式、新时代和旧传统、新观点和旧认识，著《国故论衡》、《小学答问》、《文始》、《新方言》等。他注重语言理论的探讨，认为“学问之道，不但当求文字，文字用表语言，当进而求之语言”。（诸祖逖《记本师章公自述治学之功夫及志向》，《制言》第 25 期）所著《文始》9 卷，分 450 条，比其声韵，析其义类，考察上古汉语词义及其发展，试图从理论上证明词义的必然联系和同源词的历史联系，开拓了训诂学研究的新途径，将传统语言学发展成为语言文字之学，开以语言为研究对象的现代语言学之先声。其时与章太炎齐名的刘师培也著有《古政原始论》、《小学发微》、《正名隅论》、《论小学与社会学之关系》、《物名溯源》、《物名溯源续补》、《论中土文字有益于世界》、《字义起于字音说》等，主宗“右文说”。黄侃则是第一个初步建立训诂理论体系的大师，他博通经史，熟读诸子，谙习诗文，又有一套比较系统的科学的训诂方法。他在训诂学上的成就多体现在教学实践和对古代训诂专著的研读上，他有关训诂的著述后由其侄子黄焯整理出版者有《尔雅音训》、《说文笺识四种》和《文字声韵训诂笔记》等。

这一时期尚有吴承仕《语言文字之演进过程与社会意识形态》、《竹帛上的周代的封建制与井田制》、《从说文研究中所认识的货币形态及其他》，黄节《古算名原》，程树德《说文稽古篇》，刘赜《小学札记》，沈兼士《右文说在训诂学上之沿革及其推阐》、《研究文字学形和义的几个方法》、《广韵声系》，杨树达《形声字声中有义略证》、《字义同缘于语源同例证》、《造字时有通借证》、《文字孳乳之一斑》等论著，皆颇注重结合历代典章名物来考释探寻相关字词之间的系统联系。

沈兼士《右文说在训诂学上之沿革及其推阐》探讨了右文说的起源，对王圣美的右文说进行了系统的研究和科学的评价，把语言文字作为一个有系统的整体来研究，溯源探委，在学术界产生了很大影响。杨树达撰《形声字声中有义略证》、《文字孳乳之一斑》等论文，注重以金甲文和古书音义参验《说文》以究古文字之真，从研究的具体材料中抽绎出规律性的东西，丰富了训诂学的理论建设。高本汉所著《汉语词类》将2000多词语依照其最初的亲属关系分成10个大类。王力

《同源字论》和《同源字典》，根据古代的训诂资料，以音义皆近或音义皆同的原则考求汉字的同源关系，对同源词的形成和演变作了大量探微索隐的研讨。朱星《论转语与词源学》从转语入手对传统语源学进行分析，提出传统训诂学中的转语研究就是词源学研究。陆宗达和王宁《浅论传统字源学》、《论字源学与同源字》对传统字源研究的理论和方法作了辩证评价。严学宭《论汉语同族词内部曲折的变换模式》、张永言《关于词的"内部形式"》、秦似《汉语词族研究》、黄易青《论事物特征与意像之异同》等论文也是研究语源问题的重要文章。

6.2.2 训诂理论体系及训诂史的研究

传统训诂学在向新训诂学的发展进程中致力于训诂理论体系的探讨，先后出版了 30 多种概论性著作。1926 年陈启彤著有《训诂微》，惜未刊行，《中大季刊》1 卷 1 号刊有提要。1928 年黄侃在中央大学开设训诂学，撰有提纳性质的《训诂学讲词》讲稿，初步建构起训诂学的大框架。1928 年《制言》第七期发表了黄侃学生潘重规的听课记录《训诂述略》。朱芳圃 1928 年发表《训诂释例》，解释了 20 多个训诂名词术语，沈兼士《研究文字学形和义的几个方法》一文认为训诂学应该包括训诂学概论、代语沿革考和现代方言三方面的内容，扩大了传统训诂学研究的内容范围。杨树达在湖南大学讲授训诂学时亦编有讲义，论述了训诂学的意义、内容、形成、演变和贡献。何仲英《训诂学引论》(1934)从语言学入手，由解释古代语言，进而探求历代语言演变的轨迹，考察现代方言的音义以究古语的渊源脉络。齐佩瑢《训诂学概论》(1943)在多本其师沈兼士对训诂学的解说的同时，综合清儒和章太炎、黄侃等时贤的见解，运用现代语言学的新观点总结训诂学基本理论，着力于对前人的研究，“分析归纳，言明源流，辨其指归，阐其枢要，述其方法”，而且“根据我国语文的特质提出研究古语的新方法、新途径”，颇多独到之处。尽管对文字本义研究的意义重视不够，有些章节提法不够成熟，但总体上堪称同类著作之上乘，即便在当代，仍能居于同类著作中的领先地位，很有参考价值。王力《新训诂学》(1947)在对传统的训诂学进行了全面的总结和批判的基础上，提出了“新训诂学”的学说。此后有关训诂学的论著有王纶《研究训诂之新途径》，陆宗达《训诂浅谈》(1964)，林尹《训诂学概要》(1972)等。

“文革”结束后，振兴传统文化和大规模整理古籍的需要促进了训诂学研究的深入。陆宗达《训诂简论》(1980)对训诂学的内容、方法作了简明准确的介绍；周大璞《训诂学要略》(1980)列举了较多的训诂学材料。1981 年中国训诂学研究会成立以后，又有一批训诂学通论性著作先后问世，其中陆宗达、王宁《训诂方法论》(1983)对训诂学的原理、方法作了探索；洪诚《训诂学》(1984)强调了训诂学的实际应用，围绕古书的阅读和注释展开论述，旁及文字、音韵、语法、校勘等多方面的问题；张永言《训诂学简论》(1985)运用现代语言学的一些观点对训诂学进行了解释；郭在贻《训诂学》(1986)重点介绍了俗语词训诂，将汉魏六朝以来方俗词语的研究视为训诂学的新领域；许威汉《训诂学导论》(1987)作为教材，对训诂学的内容作了深入浅出的介绍；刘又辛和李茂康《训诂学新论》(1989)重点介绍了同源词的研究；陈绂《训诂学基础》(1990)力求建构较为系统的训诂学教学体系；齐冲天《训诂学教程》

(1992)重点论述“本义”和“音训”，认为汉语“存在着双声兼义或韵母兼义的现象”。宋永培《当代中国训诂学》(2000)对近百年来中国现代训诂学的历史与现状作了评述。类似的概论性著作尚有张世禄《中国训诂学概要》(1941)，吴孟复《训诂通论》(1983)，白兆麟《简明训诂学》(1984)，赵振铎《训诂学纲要》(1987)，杨端志《训诂学》(1987)，黄典诚《训诂学概论》(1988)，黄建中《训诂学教程》(1988)，周大璞等《训诂学初稿》(1987)，程俊英和梁永昌《应用训诂学》(1989)，周复刚《训诂学基础教程》(1989)，冯浩菲《中国训诂学》(1995)，王宁《训诂学原理》(1996)，孙雍长《训诂原理》(1997)，黎千驹《训诂方法与实践》(1997)，华星白《训诂释例》(1999)，白兆麟《文法训诂论集》(1997)等。此外，运用训诂学原理于语文教学语词训释实际，以及结合相关学科作分析研究的，有盛九畴《训诂与文言文教学》(1994)，谢质彬《古汉语语法训诂研究》(1996)，方平权《训诂与语法研究》(2000)，王问渔《训诂的研究与应用》(1986)等。

训诂学发展史的研究也受到重视。刘师培《中国文学教科书》第一册第三十二课为“周代训诂学释例”，第三十三课为“汉宋训诂学释例”，从史的角度探讨了周汉宋训诂研究的规律。胡朴安撰写的《中国训诂学史》(1939)则是第一部训诂学通史性质的著作，从历史角度勾勒了专书训诂和传注训诂的源流，总结了传统训诂学的方法。80 年代，又有李建国《汉语训诂学史》(1986)和赵振铎《训诂学史略》(1988)，简明地勾勒了训诂学的发展演变。有关训诂学史的研究论文则有殷孟伦《训诂学的回顾与前瞻》和周祖谟《中国训诂学发展史》等。

6.2.3 古代典籍和注释的研究

有关古代典籍和注释的研究成果颇丰，考释对象涵盖了自先秦至近代的各种文献。

(1)训诂专书和注释的研究

有关训诂学史与名家名著研究的成果较多，重要的有《说文》和《尔雅》等的研究论著。《说文》是先秦词义的总结，其贮存的先秦词义系统是后代汉语词义发展的源头。其中，张舜徽《说文解字约注》就前人疏释许慎之说，博观约取，择善而从，汰其繁辞，存其精义，可看作丁福保《说文解字诂林》的缩略本。蒋人杰《说文解字集注》从前人繁多的注文中择优撮要，又引述甲金文字及考释，考订文字，阐明本义，以较少的篇幅总结了数百家的研究成果。苏宝荣《〈说文解字〉今注》对《说文》所收、古籍常用的字，用现代汉语简要地作出注释和补充。曹先擢《说文解字的性质》论述《说文》性质的多重性。张其昀《说文学源流考略》论述了《说文》研究的源流，收录历代研究《说文》的论著440余种，为《说文》研究提供了丰富的资料。宋均芬《说文学》结合教学，从前人纷繁的著述中加以梳理，去粗取精，把历史上优秀成果展示给人们，视《说文》是语言学和文化的宝藏。宋永培《说文解字与文献词义学》等论著被专家认为成功地再现了《说文》全书贮存的周秦汉语词义系统。臧克和《说文解字的文化说解》从传统小学入手，融合人类学等方法，对《说文解字》的取类方法、释文系列、意象系列等作了文化上的剖析。冯蒸《说文同义词研究》以语音为标准，将同义词分为非同源同义词与同源同义词两大类。马景仑《段注训诂研究》对段注颇多新的见解。大致说来，《说文》

的研究已由本体研究和单字式、注疏性研究转变为从各个方面切入，运用新理论、新材料、新方法来进行全方位、多层面的研究。

《尔雅》的训诂研究成果主要有朱祖延主纂的《尔雅诂林》。此书正编收古注辑佚、集解补注、日记札记、校勘、音释以及郭注邢疏94种。以《尔雅》条目为纲，诸家训释为目，按《尔雅》原次，分别排列组合诸家的解说。此书的编纂是训诂学中《尔雅》研究的一项重大成果。管锡华《尔雅研究》对《尔雅》的名义、撰人、内容、体例等各方面都作了详尽的探讨。蔡声镛《尔雅与百科全书》运用现代语言学理论分析了《尔雅》的句型和章法等。

(2)其他典籍和注释的研究

古籍专书词语的训诂成果较多，数量最多的是对于古籍中具体字词的训诂。训诂学家们凭借殷墟甲骨文、商周铜器铭文和敦煌文书残卷等文物，解决了传世古籍中的某些疑难义训。王国维《与友人论诗书中成语书》首先以铜器铭文解释《诗》、《书》中的常用词语，于省吾《尚书新证》、《诗经新证》、《楚辞新证》等补正前人阙误颇多。徐复《后读书杂志》对《史记》、《汉书》、《老子》、《荀子》、《楚辞》、《文选》等古籍中的疑难词语作有精当的校勘与注释。杨伯峻著有《列子校释》、《论语译注》、《孟子译注》、《春秋左传注》等。敦煌文书残卷的校释论著有吴世昌《敦煌卷季布骂阵词文考释》，王重民等编校的《敦煌变文集》，徐震堮《敦煌变文集校记补正》和《敦煌变文集校记再补》，蒋礼鸿《敦煌变文集校记录略》和《敦煌变文字义通释》，项楚《王梵志诗校注》和《敦煌变文选注》，黄征、张涌泉

《敦煌变文校注》等。一些论著则对传存异域的某些古籍、应县木塔所出辽刻佛经、黑城文书、郭店《老子》等作有探讨和考释，如徐时仪《慧琳音义研究》根据大量尚未为人注意到的第一手资料，考探了其成书年代、版本源流、内容和特色；考述了慧琳的生平和思想；论述了其在语言研究、古典文献整理研究、辞书研究和文化研究等方面的学术价值。

6.2.4 词义理论的探讨

训诂学自70年代末复兴以来，学科的框架已基本形成，术语渐趋于明确统一，方法有所更新，成果累累，在理论与实践的结合中保持了旺盛的生命力。

有关词义演变的描述已不再局限于本义与引申义的笼统说明及对词义扩大、缩小、转移这三个类型的静态描写，而是开始深入到语言的内部和外部去寻找引起词义演变的动力和条件，不仅注意对单个词意义延伸状况的描写，还注意到了相关的词在意义演变过程中彼此渗透和伴生的现象。在词义研究的模式上，已不仅是考释单个的词语，而是对一组词或一类词作整体的观照与研究。陆宗达、王宁探讨了词义引申的因果、时空、动静、施受、反正、实虚、同状、同形、同态、同用、同所、同感、礼俗等众多形式。(1983)孙雍长提出了"同步引申"的理论，分析了相关词意义之间的相互渗透现象，指出在传统的词义引申的纵向分析之外，词义引申还有横向的联系。(1985)许嘉璐又进一步指出词义引申并不是词的个体孤立地、彼此隔绝地进行的，一个词意义延伸的过程常常"扩散"到与之相关的词身上，引起后者也产生相类似的引申。这种引申是一种历时现象。(1987)蒋绍愚运用义位分析法，指出甲词有a、b两个义位，乙词原来只有一个a义位，由于乙a与甲a同义(或反义)，逐渐地乙词也产生出一个和甲b同义(或反义)的乙b义位，他称这种现象为“相因主义”。(1989)

索绪尔把语言表述为由“组合”和“聚合”两种根本关系构成的符号系统。组合指在一定序列中前后连接的语言符号之间的关系，聚合指在同一结构内可以相互替换的语言符号之间的关系。语言符号由此在不同层次上联系起来，相互发生横向的和纵向的接触，在人类心理活动规律的支配下，就有可能相互影响，通过诸如类比、黏合以及词义感染等方式产生出新的形式和意义来。朱庆之认为研究词义演变，不仅要揭示变化的过程，还要总结变化的方式。指出所谓词义沾染是指不同的词由于处在同一组合关系或聚合关系而发生的词义上的相互渗透。这种渗透可能导致一方或双方增加新的义项或词义的完全改变。(1992)张博提出了“组合同化”也是词义衍生的一种途径，指出组合同化是有方向的，制约同化方向的是组合体中两要素的语义地位。(1999)词的聚合关系也影响和制约着新的词义的产生。徐时仪《“睡觉”词义衍变蠡探》指出“睡觉”由并列结构的词组演变为动宾结构的复音词，其词义既有“组合同化”，又有偏义虚化。一般认为词的本义是其词义系统的核心和其词义演变发展的起点，然而“睡觉”一词词义的衍变递嬗启示我们，词义生成的机制既可能在于其本身意义系统的内部，也可能来自它与其他词的外部联系。词义的演变不仅与其本义有关，也与其和其他词的组合关系有关，甚至也可能与其语言语义结构格局的调整有关。

训诂的核心是词义，现代语言学把词的意义分析为三种：

概念意义、联想意义和社会意义。概念意义以逻辑为基础，义项基本固定，属于封闭系统；联想意义以经验为依据，因不同文化而有差异，义项较多变化，属于开放系统。社会意义的提出，最能体现现代性。《礼记》“或青或素”，用“青”表示“黑”，就含社会因素的意义。直到今天，南方有些地方还是忌讳说“黑”，而改用“青”来表示。这是很远时代遗留下来的原始禁忌。原始禁忌是原始人的一种信仰，这种信仰产生的原因，是由于原始人对物与主、名与物、象征与实在分辨不清。后世禁忌还杂有社会礼制、宗法伦理观念等多种因素。有鉴于此，类似的一系列忌讳说法从社会意义上去认识便迎刃而解了。回顾清代的阮元将《诗经》“王欲玉汝，是用大谏”的“玉女(汝)”解为“畜女”(“玉”、“畜”同音假借)，如若用“玉”的社会意义“宝爱”去认识，便不至有所失误。无疑，分析词义的概念意义、联想意义和社会意义的区别与联系，也是词义理论探讨的重要方面。

词的音义关系，历来说解简单模糊，许威汉《训诂学导论》(1987)，《汉语词汇学引论》(1992)阐发了音义关系六个特性，多方说理。

古代文献中存在一定数量的“反训”词，继30年代董璠《反训纂例》和张舜徽《字义反训集证》，80年代徐世荣又著《反训探原》和《古汉语反训集释》(1980)，将收集到的500例反训材料分为10类进行了分析。徐朝华(1981)提出反训是由于词义特点变化、同音假借而造成；蒋绍愚(1989)认为反训是由反用词义、施受同词、词义引申而造成；王宁认为是反义共词；何九盈《中国古代语言学史》主张改“反训”这个术语为

"同词相反为义",认为同词相反为义是由语义内部结构对向演变造成的。郭锡良《反训不可信》(1984)认为"反义为训、美恶同辞的说法实际上是传统训诂学在没有弄清某些词的词义演变的情况下而作出的一种以今义释古义的现象",说法"本身是不确切的、不科学的,不足为信"。诚然如此,"资"是资财、钱财,财物在交换中引申为"与",又引申为"取",从社会意义视角观察,似乎没有必要视为反训。

6.2.5 训诂学新领域的丰硕成果

清以前的训诂学主要以先秦两汉的文献资料为研究对象,对接近口语的古白话文献则较少有人研究。随着20世纪初新文化运动的兴起,白话文取代了文言文的正统地位,古白话文献词语的训诂渐受到学术界的重视。

20年代末,黎锦熙《中国近代语研究提议》就古白话俗语词研究的内容、资料、意义和方法提出了不少独到的见解,并撰有《宋元语词广证》、《近思录释词》等,黎锦熙曾设想编一本《新尔雅及其疏证》,以"近代语特有之词及普通词之特别用法"为研究内容,"上溯语原,旁征典籍,下稽方俗,逐词推证,以类相从。""训诂拟《尔雅》而不袭其类;声训仿《释名》而必究其根;说解效《说文》而必繁其辞;调查准《方言》而必注其音。复词成语,悉依语根而统于单字;事类文字当谋便检而附以索引。"他撰写的论文后来收录在《汉语释词论文集》中,未出版的《文法辞典》和《宋元词语广证》汇集在1937年出版的《国语辞典》里。

徐嘉瑞《金元戏曲方言考》(1948)是解释金元戏曲方言俗语的第一部专著。从语言学的角度,"以曲释曲"。作者的目的是诠释金元戏曲中的费解之词和表面明白其实费解之词，特别注意搜集训释元曲中的方言口语词。

张相《诗词曲语词汇释》成书于1945年，1953年由中华书局出版。此书汇集解释唐宋金元明人诗词曲中的特殊词语，多以诗证诗，以词证词，以曲证曲，或彼此互证。详引例证，诠释其意义，剖析其用法，材料丰富，考释精当。作者作此书的意图是循《助字辨略》和《经传释词》的途径，综合研究诗、词、曲的特殊词语，补诗、词、曲方面注释本子不多而又不注重语词的缺憾，全书主要释虚词，间释少量实词。

朱居易《元剧俗语方言例释》(1956)共收词一千多条，书中所收条目以元杂剧为主，元人散曲及明初剧作仅作旁证。释词尽量以曲证曲，间及话本小说以资旁证。举例必录全句，并注有曲牌与宾白，出处著录较详，尤其是收集诠释俗语丰富，注意说明词义的理据，不失为元曲研究方面的一部专门工具书。

蒋礼鸿《敦煌变文字义通释》专门解释敦煌石室所出唐五代变文中的口语词语。作者每次修订，都本着精益求精的态度，形成此书博大精深的格局，学术价值很高，国内外学者都认为是中国当代敦煌语言学研究的重大成果，首次对敦煌变文中的口语词进行了系统的研究，开敦煌资料词语研究的先河。

陆澹安《小说词语汇释》收录解释古代语体小说64种中的词语约8000条，每条各举一二例。作者的目的是帮助阅读，故不作琐屑考据，以节省篇幅，后附小说成语汇纂2000余条。

六七十年代，台湾省黄丽贞《金元北曲语汇之研究》(1968)着重收录诠释金元戏曲中的方言俗语，诠释了429条词语，探讨了状物拟声词、外来语、歇后语、语助词和衬字等。此外，还有蒋礼鸿(1978)《敦煌资料(第一辑)词释》、王瑛《诗词曲语辞举例》(1978)、顾学颉《元剧(曲)辞语诠释举例》(1978)、徐复《读〈文选〉札记》(1979)、徐震堮《世说新语词语简释》(1979)、许政扬《宋元小说戏曲语释》(1979)、龙潜庵《宋元语词札记》(1979)、殷孟伦《杜诗名篇中几个词语的训释问题》(1979)、张永言《李贺诗词义杂记》(1979)，刁汝钧《〈敦煌变文〉研究管见》(1979)等，大多为个别词语的解释和辨析，有关白话俗语词的研究还处于起步阶段。

80年代初，白话俗语词的训释进入了一个前所未有的初步繁荣时期，就范围来说，上至汉魏，下至明清，诗文、笔记、小说、戏曲、佛典、语录等均在研究之列。就内容来说，已不仅仅局限于词义的考释，有关词义的构成、词义的系统、词义的诠释、词义的演变、词义的色彩、词义与语音、词义与文字等都引起研究者的关注，呈现出一种理论探讨的趋势。就材料来说，有的论文大量使用了佛经中的语言材料，从而在考释词义源流方面有了突破。就方法来说，有的论文广泛运用了方言佐证法，从现代汉语的某些方言中去追踪白话俗语词的渊源关系，收到了良好的效果。尤其值得一提的是80年代以来，学术界以更开阔的视野看世界，中外学术思想的交流对白话俗语词的研究也起了很大的推动作用，学者们在汉译佛经、敦煌吐鲁番文献、禅儒语录、诗词曲、小说、笔记杂著等许多方面均取得了许多重要成果，限于篇幅，本书不逐一评述。

6.2.6 训诂学的转型、定位和取向

训诂学的研究对象是古代文献的语言。古代文献的训释是文化传统延续的必然步骤，训诂就是对语言，主要是对古代文献的语言作解释。训诂学研究的核心内容是词义，而又兼及其他语言现象。传统训诂学在分析解释古代文献词语所表示的意义或对象时，解剖字的结构而以形索义；研究音读、声旁而因声求义；探索字的本义、引申义、概括义、虚化义、实指义等而比较互证，确定该字所表示的词在实际应用中的意义；辨析词的词汇意义和语法意义，判定词性；类比、勘校文例和异文，确定衍文、夺字、讹误；考证地名所指地点的地望，指出其行政归属或大体方位；核实某一君王的传承，考定世系；考察历代王朝的兴衰存亡，准确解释某些历史现象；研究历代军队组成、行政建制，探索官吏的职掌，比较分析历代社会制度的异同及其变化；考察历代的货币、税收、贡纳、供给、市场、交易等，指出历代的经济状况；研究各种道德观、价值观、人生观、世界观、学术观的兴起、影响、演化，解释某些词在特定时代的特别用义；考证历代的历法，乐律、绘画、雕塑、工艺、制造、服饰、车舆、舟船、器物、法律等，多方位认识当时的社会现实。传统训诂学既解释文献，也探讨词义的演变，二者相互结合，互为表里，往往涉及天文、地理、社会、政治、经济、铸造、建筑、音乐、法律、艺术、饮食、交通、文字、音韵、词汇、语法、修辞、校勘等有关学科，因而在某种意义上可以说传统训诂学是一门综合性和实用性很强的学科。

1906 年，章太炎撰《论语言文字之学》指出："今欲知国学，则不得不先知语言文字。此语言文字之学，古称小学。"认

为“小学之用，非专以通经而已”，主张语言文字学的独立发展。(《国粹学报》1906年《文篇》第24期)其弟子黄侃进而提出真正之训诂学，“即以语言解释语言，初无时地之限域，且论其法式，明其义例，以求语言文字之系统与根源是也”。(潘重规《训诂述略》)黄侃确立了真正的训诂学“以求语言文字之系统与根源”的语言学目标，“反映了训诂学进一步发展后所具有的新的含义”(陆宗达《训诂简论》)。王力以现代语言学的眼光在《新训诂学》一文中说：“从历史上观察语义的变迁，我们首先应该有敏锐的眼光，任何细微的变化都不能忽略过去。”“等到训诂学脱离了经学而归入了史的领域之后，新的训诂学才算成立。”到了那时节，“训诂学已经不复带有古是今非的教训，而是纯粹观察、比较和解释的一种学问了”。他把传统训诂学分为纂集派、注释派和发明派，指出各派的特点和代表人物。王力主张新训诂学要明确说明语义的变迁，要注意语义与语音、语法的联系，从史的角度考察语义的变迁，训诂学才有新的价值。王力说的“新训诂学”，实际上相当于词汇史。他在80年代提出，希望“训诂学扩大范围，成为汉语词汇史研究”。(《训诂通讯》总4期，1982)王力的主张在他的高足郭锡良、何九盈、蒋绍愚的论著中都有所阐发和具体印证。

20世纪80年代以来，关于传统训诂学的定位，学者们有不同的看法，除了齐佩瑢早已提出的“古语义学”外，有汉语形义学、注释学、文献语言学等说法。这些说法见诸陆宗达(《训诂简论》1980)、邢公畹(《天津师专学报》1983)、张永言(《训诂学简论》1985)、赵振铎(《训诂学史略》1988)、许嘉璐(《关于训诂学方法的思考》1988)、韩格平(《训诂学能否演进为中国古籍注释学》1989)、蒋绍愚(《古汉语词汇纲要》1989)、王宁(《训诂学原理·自序》1996)、何九盈(《二十世纪的汉语训诂学》1999)、周光庆(《二十世纪训诂学研究的得失》1999)等学者的论述。看法尚未一致,定位问题当有待更广泛而深入的探讨,并经受逻辑的实践的检验而获得真理性的证明。

训诂学的发展取向,要重视历史的启示和现实的需求。

黄侃曾说:"夫所谓学者,有系统条理,而可以因简驭繁之法也。明其理而得其法,虽字不能遍识,义不能遍晓,亦得谓之学。不得其理与法,虽字书罗胸,亦不得名学。"(黄侃述、黄焯整理《文字声韵训诂笔记》)对古文献的训释和研究实际上是"古为今用"的问题,迄今为止这个问题尚未真正解决,人们对传统文化反省的过程还停留在鉴别精华和糟粕的浅层次,没有进入深层结构。目前亟须借助现代科学的眼光重新反观传统、解释传统和调整传统内部的结构,尽可能较为全面地对积淀在传统训诂学深层的内涵进行发掘,而后从哲学、逻辑、历史的层次上进行清理,通过分解、选择、组合、重构等工序,创建具有现代特色的训释古代文献词语的训诂学理论体系。

任何学术都在发展变化。与训诂学发展取向息息相关的词汇学已经有了四个方面的变化:第一个变化是研究的重点从古代转向现代,从书面转向兼及口语;第二个变化是研究的范围从一般词汇扩展到"特种词汇"(成语、谚语、歇后语、同行语等),从汉语词汇扩展到少数民族词汇;第三个变化是词义研究摆脱了传统训释主要为"明古"服务的羁绊;第四个变化是零散知识得到了系统化,纳入综合析理轨道。这四个变化,特别是后两个变化,跟训诂学研究发展的取向是密切联系的。

参照这一实际，综观新世纪对训诂学的需求，我们面临的任务是十分繁重的，需要做的工作会有很多。

在21世纪初始，训诂学又取得了许多成果，比如，佛经音义研究文论迭出，中古以来词汇、词义研究著作问世，《集韵校本》刊行，《尚书》词汇词义研究、《周易》文字考释、汉语俗文字考索等方面论著的出版，均预示着训诂学以及词汇学、文字学今后必会有更大发展。

（说明：这部分内容系本书作者与徐时仪教授合写）

6.3 汉译佛典研究

"术"为"邑中道"(《说文》)，"学术"犹为学之道，而"学者体认不同，学术内涵有异"。梁启超《中国近三百年学术史》包括经学、小学、校勘学、辨伪、辑佚、史学、方志学、地理学、谱牒学、历算学、乐曲学，不曾出现佛学。佛学研究汉魏六朝直至近世，颇有可观者，梁氏却未及道。钱宾四亦著《中国近三百年学术史》，包括宗教、哲学、科学、心理学、史学、考古学、教育学、政治学、社会学、文学、艺术、音乐，以宗教为首列。事实上，佛典的研究由来已久，近来亦不乏其探究者。

在现当代，汉译佛典研究取得了许多新的成就，这也是训诂学研究的新成就的一个体现。以下略为介绍。

6.3.1 佛经音义

现当代的汉译佛经研究，是在《玄应音义》、《慧琳音义》的基础上的进一步深入研究，是通过佛典的音义关系，探求佛经的深层音义体系及文化底蕴。这一研究的意义是多方面的。

6.3.1.1 有助于传统音韵学的研究

笔者在为上海师范大学徐时仪教授的博士论文《玄应〈众经音义〉研究》（中华书局，2005 年）所写“序言”中说：“汉魏人译经，只是为了求佛理；经过晋、南北朝，总趋势仍是这样。”这也就是说，当时人们也希望探求佛经中深层意义体系（至于探求佛理所取得的成效如何，只能就当时的认识水准来判定，未可用现今的眼光等同视之）。后来由于佛经语词的影响远远比西域的借词和译词大得多，信息量也越来越大，一味地从佛经的一般语意去推求佛理，佛经信息往往容易成为朦胧的一片，佛经的深层意义体系势必难以恰如其分地展示。语言，首先是有声语言，《玄应音义》、《慧琳音义》解释佛经音义，详注反切，在佛经语言的研析上翻开了新一页，我们从它们的反切注音中，循音寻义，启音义互求之端绪，还可以更好探知当时语音及其发展状况，它对音韵学史的研究，也提供了重要的佐证。我们知道，汉朝末年，应劭、服虔已悟出可以利用声韵切合原理注音，梵文拼音原理启示后来反切的产生，反切又成为韵书的基础。韵书的出现标志着音韵学的诞生，用以分析汉语发音原理和发音方法的等韵学也相继出现。汉唐以来以上种种的共同特点是具有实用目的的，在这中间，玄应、慧琳取得的成就，既有助于佛经的深层意义体系的探求，也有利于音韵学的研究。

6.3.1.2 突破传统训诂樊篱，扩大训诂范围

在传统训诂学中，僧人佛经音义的探求，展示了训诂一个新的领域。传统训诂范围以经书为中心，训诂学为儒学经学的附庸，训诂是治经的手段，通经是训诂的目的。佛经用语的诠释被传统习惯和势力所排斥，而《玄应音义》、《慧琳音义》对

佛理的探求，在认识上，特别是在方法上，都大大向前跨越了一大步，在相当程度上，突破了传统训诂的樊篱，成为扩大训诂范围的先导，这尤其显得难能可贵。

6.3.1.3 吸收外来语，丰富、发展汉语

历史上不仅佛经索解未能列入训诂之林，就连佛经词语的使用也被严加限制，更谈不上词语音义的研究了。清代乾隆三十四年，福建举人林元桂文章中用了一个佛典名词“衣钵”，经过磨勘（清中央政府对各直省乡试进行检查的一项措施），便被革去举人，并将原有的训导、岁贡一并革职。其限制之严，可以想见。然而，时代的潮流不可逆转，时至清季之世，有些幼儿读本还是出现“衣钵”这个佛语词（清末印本《幼学琼林》就有这个词）。由于民族文化交往，佛经词语的传播和频繁使用，早已渗透到人们生活的方方面面，而且不断为汉语所吸收，进而融入到汉民族语言中了。像“塔、首座、侍者”等等，不可胜数。又如汉代名医华佗真姓名为华旉（古敷字），因医术高明，民间取梵语“阿伽佗”（药神）的“佗”音来比附，尊为药神，真名反而不为人所见（说见陈寅恪所考）。诸如此类，不胜枚举。要而言之，吸收外来语成分丰富母语，这是语言丰富发展的必然规律。外来语的吸收，这是不以任何人的意志为转移的。包括我们现在佛经音义的研讨在内，都是时代的召唤。我们常说，汉语词汇发展以复音节词占极大优势，其中外来语的吸收就是形成这一优势的重要因素之一。汉语词汇这一发展的实例比比皆是。除了以上举例，“世界、实际、觉悟、正直、世人、烦恼、出现、出息、方便、因果、庄严、献身、速成”等等也都是从佛教文化的语汇中吸收来的，只是不常为人觉察罢了。

再拿“佛”来看，《诗经》“佛时仔肩”的佛读 bì，训“辅”，另训“大”，后有“戾、违”等义，是单音节词，与佛经的“佛”音义无涉，先不谈它。佛经的“佛”，梵文 buddha，原为双音节词，译为“佛陀”，义为觉者，后简译为“佛”。继而同其他汉语素组成复词如佛化、佛世、佛戒、佛宗、佛力、佛子、佛乐、佛日、佛字、佛曲、佛法、佛性、佛寺、佛海、佛祖、佛骨、佛教、佛堂、佛眼、佛国等等，便也是复词例。有人估计，汉语外来词中，“佛教的外来词至少占有 90%左右”（转述郭锦桴《汉语与中国传统文化》，第 145 页），且基本上是复词。

6.3.1.4 对音义关系的理性认识

词的音义关系论，最初是在哲学的摇篮中哺育着的。早在春秋战国之际，墨翟说“声出口，俱有名”（《墨经·经说》），相当于现代说“声音是语言的物质外壳”；战国初期子思说：“事自名也，声自呼也。”（原《子思》已佚，依《中论·贵验篇》引）也表述了音义关系。不过这些议论，是从哲学角度的名实之辨中涉及到的，不是语言音义关系的专论。同在先秦时代，“降水者，洪水也”（《孟子》）；“坎，陷也”（《易·说卦》），用同音词（含近音词）说明词义，后人称它为“声训”。后来的经学家注经时也运用所谓“声训”。这些都是直观的认识和说明，凭这样的语料，人们只能把握个别而不能把握一般，只能把握现象而不能把握本质。不过“声训的提出，让人们考虑一下语音和语义的关系问题”（王力《中国语言学史》），因此，不妨说，“声训”云云，是音义关系理性认识的历史前奏。汉代刘熙《释名》集当时声训之大成，但语料描写缺乏切实的音理驾驭，主观规定和测度往往多于客观的描述和检验，欲探明音义关系真相而没能获得大的成效。唐代陆德明《经典释文》既考证字音，又兼别字义，还重视异读的区别（区别词汇音义和语法意义），可以说是对包括词的音义关系在内的语言三部门结合研究进行了初步尝试性的理性探索，而其间以词音义关系为主线多方提携，其成就超越前贤。逮及清之乾嘉诸老，认为“训诂声音互为表里”（戴震），“就古音以来古义，引申触类，不限形体”（王念孙），“古形、今形、古音、今音、古义、今义”六者互求（段玉裁），并咸谓“声近义通”，明确提出“同纽之字义多相近”（戴震），集语料的直观认识经过一次次抽象思考，初展规律性。近人黄侃进而指出“音近者虽有同义，而不可言凡”，王力又指出“‘音近义通’只有可能，不是必然”，把可能性看成必然性，便是“缺乏辩证法”，对音义关系的本体及其规律性的认识由表及里，补述了以往学者之所未及道。清代学者对音义关系的认识在音理上有所综合，黄侃、王力循序而进，辩证对待，渐有后出转精之势。

综观古今中外，对词音义具体关系的认识，长期徘徊于随意性（偶然性）与必然性之纷议上，未见深化，本人欲求甚解，自我解惑，曾细析之，觉音义关系具有偶然性、约定性、回授性、延展性、多元性、类聚性以及“二号性”、人文性等特性。我们知道，除了某些象声词以外，某个词用什么声音形式来表达，都是偶然的，但是经过社会约定。在语言发展中，某个声音形式会对某个词义表达施加影响，产生回授作用。这可以举例来说明。前面提到过，《诗经》“佛时仔肩”的“佛”有人训为“辅”，有人训为“大”（以训“辅”为常），佛典词“世界”的“世”有人亦训为“大”（未为人所尽晓），这些姑且不论。现主要以大藏经的"大"自身的音义作阐析。"大"与"小"相对,现读为dà,为了表示"大之极","尊于大",便改变原来的读音,读为tài(字形上加一点是后来为了表示区别)。在开始的时候,"大"的读音是偶然的;当它约定俗成之后,就受到一定的制约了。这也就是说,原先"大"是"端"系的"定"母字,表示"大之极"的"太"便是"端"系的"透"母字。尽管这样,但是都属于"舌"音字,其间经过约定产生"回授"作用。"回授性"是有理性,偶然性是无理性;而无理性一经约定,就有理可循。约定性在从无理性到有理性的过程中,起决定作用。未经约定,自然也就谈不上回授。与此同时,不同时代、不同地域某个词义的语音形式有不同,在原有音义关系基础上表现出音义关系的延展性。"大"古为全浊声母字,今为次清声母字,这是历史延展性;各地读声不同,"大"的读音便不同,这是地域延展性。表示"大"的意义不限于"大、太",还有"弘、宏、洪"(同声)等,"京、景"(同声)等,"庞、丕"(同声)等,而它们又各自形成音义关系的系统,这是音义关系的多元性。其间表达相同义素的一些同音(近音)词相互类聚,如以上"弘、宏、洪"同表示大,则是类聚性。还得看到,词是信号的信号,通过词的声音去掌握词义,这是音义关系的信号性(或称"二号性");语音用来表达语义,是物理现象、生理现象,又是逻辑现象、心理现象,其音义关系又具有人文性(以上参述拙著《汉语词汇学引论》,商务印书馆,1992 年)。象声词,"是第二信号系统里杂入第一信号系统的成分"(拙著《汉字古今义比较》,河南人民出版社,1994 年),"第二信号系统是大脑进行抽象思维的物质基础"(拙著《语林探胜》,中州古籍出版社,1997 年),"语言是思维的外化形式"（季羡林），某些人坚持音义关系的必然性，多半以象声词为例立说，这是忽视人类语言语词的主要特征，其"研究"的成效如何不难想象。今兹进行佛经音义研究，如若随意凭音同音近寻义，而不顾理性支柱，看来谁也不会苟同。

还有，不兼读音，仅就词义的认知与研究而言，在正视汉语实际的同时，不妨借鉴现代语言学理论的新成就。"借鉴是为了发展。"（王力）现代语言学把词的意义分析为三种：一是概念意义；二是联想意义；三是社会意义。现仅例述其要者，余则可另参拙著《汉语学》（广东教育出版社，1995 年）。比如"佛"的概念意义是"觉者"，即凡是认定为"佛"的，必得是"觉者"；它以逻辑为基础，属封闭系统。"佛海"则是联想意义，佛教徒认为佛法像海一样广大无边；它以经验为依据，属开放系统。类此的如"苦海无边"的"苦海"也是联想意义的词，人世间不存在所谓"苦海"，它也是"以经验为依据"而喻的，无法采取概念的基本范围分析法。"佛国"是佛的出生地，指天竺，即古印度。因佛出生于天竺，就把天竺指称为佛国，这是社会意义，由社会性而生成。社会意义往往交织着联想意义，"法宝"指"佛说的宝"，也指和尚用的衣钵、锡杖等，而新民主主义革命时期，中国共产党提出的"三大法宝"（党的领导、武装斗争、统一战线）的"法宝"，这是社会意义，即寓有革命和建设的广泛的社会性含义，喻为运用起来特别有效的思想、方法和经验等，也是社会意义，同时交织着联想意义。总的看来，概念意义一般是静态的固定性的意义，联想意义、社会意义则呈现动态的宽泛的开放性的意义。能有鉴于此，词义的认知和研析，当会更正确而深化。至于《水浒》三十八回"打得宋江一佛出世，二佛涅槃”的“佛”，不仅不能独立作概念基本范围等等分析，还关涉地区方言和民俗语词的索解，得做成片语词的综合透视，而后另行别议。

6.3.2 古白话研究

吕叔湘早就说到过：“佛经的文字也包含较多的口语成分。”“白话的兴起跟佛教大有关系。”（吕叔湘《语文常谈》第六章）事实确是这样。

我们知道，汉语最早是古白话，汉人祖先基于对古白话的研究，创造了语素汉字，进而突破了汉语的时空局限。汉语从时代上可分古代汉语和现代汉语。古代汉语发展演变中形成两个支流：文言文和古白话。周代和周代以前所遗留下来的书面语，秦代至汉初的某些书面语，大致是和当时的口语相成或相一致的，汉初以后，各时代文人的书面语仿照此前文人惯用的辞汇语法成分和行文格调，成为一种脱离当时口语的“特殊书面语”。这种“特殊书面语”被称为文言文。从汉末魏晋以后到“五四”前（权作这样区分），还有一种与口语基本一致的书面语，这就称为古白话。这样一来，文言文和古白话就成为古汉语两个支流。有人称“东汉以后则开始出现文言、白话二元化的语言并存的局面”，就是指这一情况。不过必须指出，“文言、白话二元化的语言并存”，毕竟只属一种语言。文言和白话各有特点，而又相互渗透交错，“你中有我，我中有你”。大多数佛经、变文俗讲、各种语录以及后来的话本、小说、杂剧和南剧剧本等等都属白话系统。以佛经为例，正如梁启超所指出：“普通文章中所用之乎者也矣焉哉，佛经一概不用，除之谦流之译本。既不用骈文家之绮词丽句，亦不采古文家之绳墨格调。"(梁氏《饮冰室文集》,凡十条,仅转引两端)佛典为使民间平民易懂,力求用口语或接近口语的语言成分翻译外来词语,这正是明证。要而言之,古白话语体,始自汉魏,渐成熟于晚唐五代。文言文一面仿古,具有人为性;一面不由自主地或不知不觉地把当时口语某些成分用到人们所写的文章里去,这就使文言综合了各个时代语言成分,具有综合性。这人为性和综合性都基于语言的社会性自不待言。越到后来,综合性越大。就连"非三代两汉之书不敢观"的韩愈《南山》诗"团辞试提挈,挂一念潜万"的"团"字也无法从先前的常用义去理解,它属于当时的方俗词义,作估量、推敲、猜度解释。这种方俗词义常见于众多文人笔下,如晁元礼《少年游》"眼来眼去又无言,教我怎生团(怎么去猜)";《董西厢》"我团著(猜著)这妮子做破大手脚";韩愈写的祭文中出现"阿爹","爹"是汉末口语词(从北方少数民族传入的词语)。但是,由于语言的发展,有许多词当时的妇孺皆通晓的,现代人却不能理解了,于是《诗词曲语词汇释》(张相著)等便得作专门训释了。佛经里这种情况就多了,如"阿姨"表示对比丘尼的敬称(对人敬则对己谦,敬谦互表),"分别"表示懂得、了解。佛典译词不仅在原有语素基础上赋予新义,如把"理"蒙上"佛性义",而且还大量利用梵汉音义来凑合,如"魔"的构成,并由此出现"魔境、魔掌、魔术、恶魔、妖魔"等为数甚多的复词。无论是从佛经中汲取大量借词,还是通过一定方式造新词,都大大丰富了汉语辞汇群,加速了古白话的发展。汉语白话的发展基于汉语自身的因素,佛经的影响则是重要外因之一。徐时仪著的《汉语白话发展史》(北京大学出版社,2007 年)已道其详，很富有创发性，可参阅。

佛典加速古白话的发展也表现在句法方面（徐著虽未明显全面立目，但深寓其实）。其中较突出表现是判断句用判断词（系词）“是”，摆脱了句末语气词“也”。如“弟子是岭南人，新州百姓”（《六祖坛经》）；“我妇已死，汝是阿谁？”（《百喻经》）。判断句不用判断词“是”的汉语自身因素：先秦主语后面常用指示代词“是”（此）复指，然后接上判断语，如“千里而见王，是（指示代词“此”）予所欲也”，“是”（此）经常处在主语和谓语中间，渐形成判断词性质而发展成为判断词了（认同王力此说）。判断词“是”先秦还没有，西汉末年东汉初年才产生（王充《论衡》便有用例）。到了魏晋，判断句进而摆脱了语气词“也”，“是”便成为判断句所不可缺少的了。南朝刘宋时期“半文不白”的《世说新语》进一步用开，佛典翻译判断词益加大量使用。其他如“被字句”结构趋于复杂化，“把字句”频频出现，“著、了”的虚化分别表示动词的时态（进行、完成）等成为汉语语法日益精密化的标志，而这些新的语法形式和要素随佛经翻译而广为流行，新词的增多也几乎全方位地由语音造词转向语法造词而呈现，尽皆进一步加快了白话取代文言的步伐。

6.3.3 俗文字学研究

“自从一百多年前英国汤姆斯创造民俗学这个学术用语以来，民俗学在国际学术界长势日益旺盛。”民俗学范围很宽泛。“语言学与民俗学的关系很深。”“很多国家把方言的研究纳入民俗学范围之内。”（日本学者大藤时彦）汉字是语素文字，汉字学的组成部分包括俗文字学。佛教传入，佛典翻译早期多用汉字音译，后来多用意译，而意译仍免不了有音译成分。佛典音译除了用现行汉字记音外，还另创方块字记音，如前抽提到的“魔”声符用梵语谐音“麻”，形符则沿袭汉民族幻觉中的习俗所谓的“鬼”，起“注释性的区别作用”，另造成了方块汉字——俗文字。

俗文字起源很早，它是汉字的地方变体，“所谓籀文，所谓古文，其实也是篆系文字中的俗文字”（陈五云《从新视角看汉字：俗文字学》，河南人民出版社，2000 年）。为了适应翻译佛典的需要而创制的俗文字，它既脱胎于传统汉字而并没有与传统汉字异轨，却又另具殊别性。如用“菩萨”、“菩提”（还缩写为“𦬸”）来翻译梵语词，这“菩、萨、𦬸”就都属于俗字范畴，它们都从汉字构形中变异出来。这样看来，佛经的训释便很有必要就已成事实对汉字俗文字的认知进行研究。

大家都知道，汉字不是线型的表音制文字，而是混合型的表意制文字。具体说开来，即“汉字是以象形为基础、表意为主导而又兼有表音因素的表意制文字”。对这一表意制文字做定义式的陈述，是本人在《语文论丛》1981 年第 6 期《谈汉字的发展演变》一文提出而深得当时文字改革委员会诸先生的认同（《许威汉语文研究文存》，中华书局，2008 年），我多年来有关汉字的说解全都基于这一识见。综观这一表意制度（体系）文字，构形有繁简和异体、体态有篆隶真草，体态之异又与使用工具与色料（刀、竹杆、毛笔、漆、墨、帛、纸）及制作（刻板、模铸、印刷）相关连。远在佛经传世之前（先秦）用刀、竹杆和漆，刀刻成线条易而圆转难，竹杆点漆书写，竹硬漆腻写不成行，必形成蝌蚪状（世称“蝌蚪文”），用毛笔蘸墨书写，或帛或纸，真草方有可能，文字的实用性与书法的艺术性也达到了完美的统一。至于文人笔下增益点划，以异炫博，当不可取，而民间为应施用，造新字，写别体，自是不应漠视，它不入传世之“正途”，却常出现在佛典行间，与佛经音义训释相涉。这从新的视角看，佛经训释也促进了俗文字学研究。陈五云、徐时仪、梁晓虹三位学者针对上述历史的客观实际，合力撰写了《佛经音义与汉字研究》新作出版，正大有益于学界佛林。它填补了空白，开启了眼界。

方俗字的认知和研究难度很大，《中华大字典》收字四五万，有很多是方俗字，有些字下注明“音未详”。清代著名学者俞樾在《春在堂随笔》中记载庙宇旁边的碑文上的字不认识时，说“‘㲹’字不可识，殆当时俗字”，只好作罢。俗文字的地区性很强，好多年前浙江人民出版社收集了浙江各地常用方俗字80多个附在《汉语常用字典》后头，其他各省同样会有很多，它们出现在佛典中，就使人为难了。由此看来，俗文字研究对佛典音义研究也相当重要，而且是任重道远的。

以上谈的佛经传入对汉语、汉字两大影响，粗看起来似乎是很平常的事，其实佛典传入加快白话取代文言步伐是汉语发展史上头等大事，吕叔湘深有感触地说要好好“总结发展规律”。语言研究重在归纳，归纳离不开对语言现象的描写。一般的“描写不是理论，理论必须描写”，通过大量的对佛经音义的描写，驾驭思维方法论和思维工具方法论全面深入探究，增多理性认知，才能有利于发展规律的认识和总结。汉语俗文字与佛经音义关系也至关重要，可是从事这方面的研究才起步，还有大量工作要做。

佛教的传入，对汉语音韵学、逻辑学、词汇学以及汉字、文化等方面都有影响，人们历来纷纷开展研究，现在正把研究引向深入；而佛经训释研究的核心是词义，由词义又展向语法、修辞等诸多领域。著名语言学家罗常培先生在《魏晋六朝专家文研究》(独立出版社，1945 年)一书指出："若能应用俞樾《古书疑义举例》之法，推之于汉魏六朝文学，即于当时用字造句之例，必有创获，亦巨业也。"笔者认为，若借鉴俞著，用于中古以来佛典的训释研究，亦乃伟业。俞著明辨正误，不泥陈说，多有新见。如《尚书·多方篇》"尔曷不夹介乂我周王"，俞氏加按语：

> 夹、介，一义也。《一切经音义》引《苍颉》曰："夹，辅也。"《尔雅·释诂》曰："介，助也。"夹介，犹言辅助。《枚传》以为"近大见治于我周王"，则不辞矣。

概述之后，点明可从《一切经音义》等之释，指出《枚传》之"不辞"，务实切要。笔者顺按，《十三经注疏》谓："夹，近也，汝何不近大见治于我周王。""夹"训"近"，连同句解，仍为"不辞"。俞氏之释，自显文义通达，郢斤独运。其他发现发明，所在皆是，均可为雅范。期待今后有若俞著的佛典研究著作出版。

附　录

一、古籍中的句读与标点

古书一般是不断句的，前人读书时要自己断句。没有断句的古书，后代的人读起来就常感到困难，比如《论语·泰伯》的“民可使由之不可使知之”，一般读为：“民可使由之，不可使知之。”（意思是：老百姓可以使他们照着统治者所规定的道路去走，不可以使他们知道那是为什么。）可是有人也读为：“民可使，由之；不可使，知之。”甚至还有人读为：“民可，使由之；不可，使知之。”读法不同，意思自然也随之改变。梁启超在清末为借《论语》宣传变法维新，就强调最后的一种读法（见《孔子讼冤》），从中演绎出一条推行君主立宪的办法：人民有条件，就立即实行；人民无条件，就开发民智，创造条件。这种解释，单就字面上看勉强可通，可是实际上春秋时期不可能有什么君主立宪思想，我们只能说是一种附会而已。

古书虽然不断句，但古人却很重视句读，因为明辨句读是读懂古书的起点。因此，汉儒研习经书，讲究章句，开始注意“句读”。句读这个名称，最早见于何休的《公羊传·序》：“援引他经，失其句读。”《经典释文》说“句读”的“读”音“豆”，别的地方还把“句读”叫作“句投”（马融《长笛赋》）或“句度”（《皇甫湜与李生书》）。历来对“句读”的解说很多，有从语音停顿上着眼的，有从语句结构形式上着眼的，有从文义上着眼的，也有单从语气上着眼的。但我们读古书，重要的在于如何具体地进行断句，更好地去粗存精，接受文化遗产，不宜拘泥于定义及其发展渊源问题而多做烦琐的解释和考证，所以不多在名称定义及其发展历史上多纠缠，只想简单地作些必要的介绍。

汉时句读符号只应用于研读经书而不用于写作，也不用于书籍抄本(那时尚未发明刻板印刷)。到了宋代，因为刊刻印刷方便了，它就从个人的研读扩展到书籍刻本上，从而逐渐普及开来。但在经书里，其作用似乎还只限于校勘和帮助初学。古代断句用"、"作为标志。《说文解字》："、(zhǔ)，有所绝止而识之也。"有人认为这就是句读的"读"的本字(见杨树达《古书句读释例·叙述》)。前人在语意未完而需要停顿的地方，点在两个字的中间；在句终的地方，点在字的旁边。古代又有一个"𠄌(jué)"字，《说文解字》说："𠄌，鉤识也。"(有所识而鉤之)。这也是古人读书时所用的句读标志。这种句读标志符号，有人说，根据古文献的记载，在汉代就有了。后来"𠄌"用作句号，"、"用作读号，如宋毛晃《增韵》所说，"凡经书或成文语绝处谓之句"，"语未绝而点分之以便诵咏谓之读"，即所谓"句绝"与"读分"。后来还用圈号作为句终的标志。宋代句读符号有两种，一种是句号用圈"○"，读号用点"、"；一种是句号用点"、"，点于字旁边，读号也用点"、"，但点于字与字的中间。有些刻本不分什么"句绝"与"读分"，只采用一个形式，凡该停顿的，就在某个语句的末字右旁用圈"○"断开。另外也有只用"、"或"○"的。至于《礼记·学记》说："一年视离经辨志。”这只是说，小孩读书一年以后，要考查“离经辨志”。所谓“离经”（郑玄解为“断句绝也”），是句读经典的能力。

除了“句读”，古代也早已有“标点”的说法。像《宋史·何基传》所说，“凡所读书，无不加标点”（卷四百三十八），清儒钱泰吉《曝书杂志》所说，“常熟毛黼季藏元人标点《五经》”，都告诉我们宋元人读书已使用标点了。当时的所谓“点”，是指句读号说的；而“标”则已有较广泛的含义了。不过人们统称“标点”的时候，往往偏于指句读而言。“标”的使用日趋频繁，随后它包括了鉴赏符号、节段符号、专名符号和引书符号等。

明清以来，在初学用书、文章范本或所谓名家“批点”的书籍上，认为是最精隽的句子，就在它右旁逐字加圆圈“。”，或加双圈“◎”，或加尖圈“△”，一直圈遍某一整句或某一大段，认为是次一等然而意有可取的，就逐字加点“、”；认为是再次一等的，就在一句末字旁加一个圈“。”或双圈“8”；最普通的句子，就在一句末字加一个点“、”。有的刻本把一些句子浓圈密点到底，不再另用表示句子停顿的句读符号。但也有同时用句读号，即在一连串的圈后面用一个点，或者在一连串的点后面用一个圈。宋元人标点古书还使用了彩色笔，以明示意重点：凡“朱抹者，考订制度；墨点者，事之始末及言外意也”（钱泰吉《曝书杂记》）。明代文人多采取这种方法来评点文辞，归有光评点《史记》，“朱圈点外，总是意句与叙事好处；黄圈点处，总是气脉”（同上）。由此可见，古代鉴赏、评点符号真是多种多样的。这种符号，似与我们现在所要了解的内容无关，可是它掺混在句读之中，有时浓圈密点一句而不再另加句读符号，只留出第一个字不圈不点，让一连串的浓圈密点也起着断句作用。从下面这段文句中，我们便可明白这种情况：

"侍中侍郎郭攸之费祎董允等此皆良实志虑忠纯是以先帝简拔以遗陛下愚以为宫中之事事无大小悉以咨之然后施行必能裨补阙漏有所广益……"

（诸葛亮《出师表》，转引自《古文辞类纂》原来直写，符号都在字的右边。）

古代文章不分段写，最早的如甲骨文，偶有在节段地方划线，打格子；后来经过"评点"的文章，常用"⸝"或"－"标在字的左下侧表示一小段，用"∟"标在字的左下侧表示一大段。

明代刊本小说最先正式使用人名号"｜"（加在右边），清人刊刻初学所用历史、地理一类的书，除了用"｜"表示人名外，还用"‖"表示地名（也在右边）。有些注释的书，还在所引用书籍的名称上加括弧或者方框，如：

〔史记〕 [汉书]

句读号、鉴赏号、节段号、专名号和引书号，总起来说，就是古代的标点符号。此外，还有不用符号而用分行和隔离的方法的。"分行法"在三千多年前用"甲骨文"写的文章里就出现了，现代的诗歌一般也采用这种方法。有人认为这种方法就是把每句离开一二个字写。清末的报纸以及现在有些老先生写的文章也有沿用这种方法的。

符号表示法也好，分行或隔离法也好，在过去并不为一般上层知识分子所重视；就是表示停顿的句读号的使用，也只在小说、戏曲、初级诗文读物及语文教科书上才相当注意。其用意不过是借此剖析文章，讲解作法，表明句式，以便摹仿。然而学习的人一等到学而有成，也把这些符号统统抛弃掉，不愿意再使用。

了解句读、标点，对弄懂章句文义来说，有很大意义。欲洞晓文义，则不可无视句读。诚如黄侃所说，“凡览篇籍，未有不通章句而能识其义者也……汉师之于经传，有今文与古文异读者焉，有后师与前师异读者焉，凡为此者，无非疑其义训未安，而求其句读之合术而已。”（《文心雕龙札记·章句》）那么在阅读古书时怎样才能不读错句，不用错标点，真正通章句、明意义呢？这先要研究错误的原因。原因是很多的，主要有以下几个方面：一是意义方面的，二是语法方面的，三是音韵方面的。下边略加以讨论。讨论以断句为主，同时也联系标点符号的使用来说明。

第一，关于意义方面。

意义方面有不清楚的地方，这是弄错句读最主要的原因。不明字义，会把句子点错。一个字往往有几个意义，这个地方用的是这个意义而错误地认为是那个意义，也是不明字义，自然也会把句子点错。还有，在许多情况下，读者并不是不明字义，而是不能把上下文通贯起来，不能串读；读时不求甚解，不从上下文仔细体会古人的用意，也可以说是不通文理。这样，拿起笔来断句，就容易产生错误。比如：

> 孔墨之弟子皆以仁义之术教导于世，然而不免于傴，身犹不能行也，又况能教乎？（《淮南子》）

高诱以“傴身”二字连读，说“傴身，身不见用，傴傴然也”。王念孙却说“‘傴’字上属为句，不免于傴，谓躬行仁义而不免于疲也”。高诱的解释很不清楚，“傴身”一词之说自古未必现成，“偘偘然”在此亦甚费解，诚如杨树达《古书句读举例》（第四）所论，“王说是也”。又如：

与父老约，法，三章耳。（《史记·高祖本纪》）

人们因汉人常用“约法三章”语，遂多以八字为一句读，实则不然，当于“约”字下句断，“法”字又一读，言从秦法六篇中只取三章而已。下文“余悉除去秦法”的“余”字即指三章以外的秦法，自可为证。又如：

周有泉府之官，收不售，与欲得。（《资治通鉴》1956年版，第1181页）

“泉府之官”见《周礼·地官》，负责掌管市场财货流通及借贷收息等。“与”字是动词，作“给予”讲，此处不是连词。“收”和“与”相对成文，应作“收不售，与欲得”。它的意思是：由泉府之官收购集市上卖不出的商品，转售给想要买的人。又如：

栾布破齐还，并兵引水灌赵城；城坏，王遂自杀。（《资治通鉴》1956年版，第528页）

“遂”不作“于是”解，而是赵王名。刘遂是刘邦的孙子，封赵王，因参加七国叛乱，兵败自杀。此处专名误作非专名，应在“遂”下加专名号。

第二，关于语法方面。

不通语法也易弄错句读。古书中常有“倒文”、“省文”、“变文”现象，它们都会影响对句读的辨明。如“文帝复遣宗人女翁主为单于阏氏，使宦者燕人中说傅翁主，说不欲行，汉强使之。说曰：‘必我也，为汉患者。’”（《汉书·匈奴传》）这里的“必我也，为汉患者”为倒文，相当于今天的倒装句，如顺说，应为“为汉患者，必我也。”不了解这种情况，辨句读就为难了。

又如“楚人为食，吴人及之、奔，食而从之。”（《左传·定公四年》）这里的“奔，食而从之”前头省去“楚人”、“吴人”，即“楚人奔，吴人食而从之”，杜预因不解省文而误读，注为“奔食，食者走”，“奔食”遂文不成义。同样，“吾独不得廉颇李牧时为吾将。吾岂忧匈奴哉！”（《汉书》）这里原意是说：“吾独不得于廉颇李牧时令廉颇李牧为吾将。若得于廉颇李牧时令廉颇李牧为吾将，吾岂忧匈奴哉！”作者因避复，省去“若得……为吾将”一句，若不解此，亦难辨句读。再如“于是项王果然其言，乃求楚怀王孙心，民间为人牧羊，立为楚怀王。”（《史记·项羽本纪》）这里的“民间为人牧羊”是作者自注，相当于今天的“插入语”，有人不解此句法，断句也带来困难。再比较下面句子：

误例：

夫拜谒礼义之效，非盖身之实也。（《论衡·韩非》）

正例：

夫拜谒，礼义之效，非盖身之实也。

“拜谒”是主语，“礼义之效”是肯定判断（判断句古代一般不用判断词），“非盖身之实也”是否定判断。原标点者没有弄清楚这句的句法，便错把“拜谒礼义之效”全部当作否定判断的对象了。

误例：

问今是何世，乃不知有汉，无论魏晋。此人一一为具言，所闻皆叹惋。（陶渊明《桃花源记》）

正例：

问今是何世，乃不知有汉，无论魏晋。此人一一为具言所闻，皆叹惋。

“所”跟“闻”组合，指代“闻”的对象，“所闻”是“言”的宾语，不是属下作主语。

第三，关于音韵方面。

不通音韵文字也会影响句读的正确性，比如“山径之蹊閒介，然用之成路”（《孟子·尽心下》），赵岐以“介然”属上句，朱熹以“介然”属下句，都很勉强。其实“閒介”是双声字，应连读；“然”单属下句。“閒介”即“扞格”转音，形容山径障塞。诸如此类的实例不少，不一一例举。

此外，还有关于文化常识方面的。古代文化常识涉及的面很广，这里只能略作提示。比如：

> 国已屈矣，盗贼直须时耳。然而献计者曰：“毋动，为大耳。”（《汉书·贾谊传》）

汉文帝时，崇尚黄老学说，“毋动为大”正是无为而治思想的体现。把“毋动为大耳”中间断开，反映标点者没考虑古代文化思想方面的情况。周寿昌说：“汉文时，尚黄老，以清静为治，故曰‘无动为大’。”（转引自杨树达《古书句读释例》）这个见解是正确的。

从上所述，可见造成句读错误的原因是很复杂的。今人整理的古籍常常也有标点错误的地方，我们也必须注意。新中国成立以来，许多专家花了不少精力给古书加新式标点，为读者阅读古籍带来很大的便利，这自然深可赞扬；然而这方面的工作也并不是已达到完美境地，有些地方也还难免有所疏陋，要引起重视。比如王伯祥的《史记选》（1957 年版）和张友鸾的《史记选注》（1956 年版）中，单是一万字左右的《项羽本纪》，两本书标点符号不同的竟达 270 余处，其间就不无商榷的余地。当然，标点符号的运用本来就有灵活性，互有不同是难免的，然而究竟如何才算最精确，无疑还得进一步斟酌。不但两本书标点不同之处值得商榷，就是相同之处，也有可斟酌的地方。比如："行略定秦地。函谷关有兵守关，不得入。"这里的"行"是表示将然而未然之词，有"且""将"的意思。"行略定秦地"指略定秦地而尚未略定的时候。选注的人由于训诂上有疏忽，把"行"解释为"行走"的"行"，因而在"行"字下面加一逗号，造成与下文"函谷关有兵守关，不得入"的意思不合了。又如："王召宋义，与计事而大悦之，因置以为上将军。"根据当时情况，是怀王听了别人称赞宋义的话而想见宋义，见面之后，"与计事而大悦之。"注者忽视这一点，将"王召宋义与计事"连读，在"与计事"后加一逗号，便不切合当时实况与文章上下语气了。这类情况在 1962 年出版的《苕溪渔隐丛话》中也屡见不鲜，单拿前集中有关唐人的论述（比重不到全书的六分之一）来看，已有证据足以确定其标点错误的，也竟达百余处之多（参看《评〈苕溪渔隐丛话〉的标点》一文，文汇报 1962 年 10 月 24 日）。我们了解古书句读，从这些值得商榷的实例中吸取教训，以得到启发，也是相当必要的。

比较集中地讲古书句读的参考书中，杨树达的《古书句读释例》、俞樾的《古书疑义举例》等是比较好的。同时也应该注意，另外也有些谈句读的书的某些讲法未必精当，像《中国古代史籍校读法》中说古代的"句"号"和今日的句号一样"，古代的"读"号"和今天的逗号一样"，就欠妥帖。古代的句读号和今天的句号、逗号实并不能相等。"举尔所知，尔所不知。人其舍诸。"（《论语・子路》）这是前人已断句的，然若依新式标点符号来加，则应是："举尔所知；尔所不知，人其舍诸？"又，"一日克己复礼。天下归仁焉。"（《论语·颜渊》）依现在的标点符号来加，也该是："一日克己复礼，天下归仁焉。"现在使用的标点符号，乃是在总结了中国原有的"句读"符号（历代文人所用的各种符号汇总起来共有40来种）和国际通用的一些标点记号的基础上，经历了40多年的使用和不少次的试验改造而形成的。简单地把今天的新式标点符号中的某些符号和古代的句读号等同起来看待，显然不够妥当。

［说明］作者以为一般读者平常不大接触上述内容，特作些知识性介绍。上文原刊于《教学参考》1979年第4—5期，修订后，收入《语林探胜》（中州古籍出版社，1997年）。后来《训诂学读本》（上海交通大学出版社，2010年）把作者此文同吕叔湘先生大作《〈资治通鉴〉标点斠例》并列排印，却漏署作者之名，可能引起读者误会（以为也属吕先生之作），有损吕先生清辉，谨说明如上，并祈读者明鉴。

许威汉谨志　2013年秋日

二、今文《尚书》词汇研究论略（示例）

《尚书》意为上代以来的书，"尚"即"上"，是我国上古历史文件的汇编，也可视为政书。传本有些篇是后人追述补充进去的，如《尧典》、《皋陶谟》、《禹贡》等，金德建对此有过独到考述。历史上注《尧典》文繁而不中要，当不可取。

《尚书》西汉初年存28篇，系用当时通行文字（隶书）书写，即称今文《尚书》。另传汉武帝时在孔子住屋壁中发现了古文《尚书》，后已失传。东晋梅赜伪造古文《尚书》。后来"十三经”中的通行本即今文《尚书》与梅赜伪本合编。其实当时便有人开始怀疑梅赜伪书，至清代渐成定论。这样看来，《尚书》便有今文《尚书》、古文《尚书》及“伪尚书”三种了。失传的古文《尚书》所用文字有人说是大篆，有人说是蝌蚪文，对蝌蚪文当时人有奇异感，其实只与书写工具和色料有关（用竹杆点漆书写，竹硬漆腻，写不成行，以致头粗尾细，形似蝌蚪）。后来对内容理解各有所偏，发展为古文经学与今文经学两大对立的学派，与本文无涉不赘。

《尚书》的研述，20 世纪 80 年代晤杨伯峻，谓古今中外有 5000 种（论、著）之多，作者未能统计，但其数量之大，可以想象。现在学界治《尚书》一般参阅唐代孔颖达《尚书正义》、清代孙星衍《尚书今古文注疏》及近人曾运乾《尚书正读》等。今人周秉钧《尚书易解》、《白话尚书》可读性强。周氏专论《〈西伯戡黎〉旧注质疑》指出历代注释家语词的误解，如“祖伊反曰”的“反”误释为“返”（应是“反对”）；“乃罪多”的“罪”误释为“罪恶”（应为“过错、失误”）；“参在上”的“参”误解为“参列”（又作“絫”，懒懈之意）；“无戮于尔邦”的“戮”误解为“刑戮”（应同“勠力”的“勠”，意近“努力”）。这一正误，使祖伊的进步思想得到人们的重视，获得最早“力命”之争的史料。拙著《训诂学导论》（北京大学出版社，2009 年）反复转引周氏之解以正历来注释家之误，甚得读者认同。由此说明《尚书》语词的训释十分重要，《尚书》词汇研究迫在眉睫。钱宗武教授师从周秉钧前辈，钱氏尽传其学，继发其精义，造诣弥深。30 多年来，钱氏《尚书》探究论著迭出，今又成《今文〈尚书〉词汇研究》（河南大学出版社，2012 年），嘉惠学林，良有以也。

今文《尚书》词汇研究甚具特色，兹叙其要者：

（一）占有资料，精心爬梳

本书以广罗前贤时隽《尚书》研究资料为首务，精心爬梳考辨，进而形成正确概念、判断与推理，奠定全书的始基。不尽可能充分占有资料，不善于广泛利用学术成果，目光短浅，识见隘陋，陈陈相因，“出新”则无从谈起，虽没世穷年，难有硕果。

（二）烛幽显隐，务求其实

《尚书》汇编虞、夏、商、周“典、谟、训、诰、誓、命”的文献资料，时代久远，文字奥涩，唐代的韩愈已觉“周《诰》殷《盘》，诘屈聱牙”，其实洛诰、盘庚篇如同今天的告示，是用来公布给当时人看的，如实书写一方的土语，即当地的白话。《尔雅》诠释了当时的土语，“读《尚书》应用《尔雅》”（《汉书·艺文志》）。而《尔雅》自身有其局限性，较缺乏一般与个别的辨异。它系秦汉之际学者纂集传注而成（宋代欧阳修有此说，今人罗常培认同），在宋代列为“十三经”的第十二经。经前人改动、编次、归类，内容有错乱之处，查核不便。《尚书》词汇研究先得排除这道障碍，钱氏力求如实做到，烛幽显隐。又，不少资深学者认定今文经书在行文中多用本字，古文经书则多用假借字（按：指通假字）。钱氏全面考核今文《尚书》，断言其通假字数量甚多，几乎篇篇都有通假字。古文《尚书》今已失传，无从比较考证用字实况，只能从今文《尚书》自身的使用逐一描写，务求其实。语言学家认为“描写不是理论，理论必需描写”，在正确思想指导下的描写，为理论的建构提供依据。仅用《诗经》韩氏传的今文本字之例来证今文经多用本字，即以《诗经》而概他经，似还有待进一步审定。由此也可以看到，钱氏今文《尚书》通假字的透析乃关今文经全域性的新探究，其所发现，可望经过多方检验而得到证明。

（三）探源析流，以点带面

今文《尚书》词汇研究成功展示汉语上古以来就是发达语言的历史画卷。这可以从几个侧重面看出来：

1. 单音节词向复音节词发展的动向和趋势

钱氏统计今文《尚书》单音词总量 1550 个，而复音形容词便有 54 个（此外自然还有名词动词的复音词），另处钱氏发文谓“今文《尚书》的复合词占复音词总量百分之八十”，可见复合词在《尚书》时代就处于初始阶段，此后逐渐蔚为大观。20 世纪 50 年代康拉德《论汉语》批评了“西欧汉学家非常顽固地坚持汉语单音节性”说，申论了“拒绝汉语词汇的单音节观点是今天苏联汉学家对汉语的看法”。钱氏从源头上阐发展示，印证了汉语发展的事实、汉语词汇复音化的规律，同时也支持了康拉德的见解。汉语词汇复音化是汉语孤立语这一特点所决定了的，钱氏有效地展示了这一特点。

2. 言语者认知思维引发词义引申

语言是思维的外在形式，思维与语言有着密切联系。人类探索语言与思维的关系已经有 2500 多年的历史，自从巴甫洛夫第二信号系统学说问世以后，人们对语言与思维的关系的认识相应地有所推进。钱氏对词义作了充分考察，指出词义引申的内动力，转喻性、隐喻性等认知思维引发词义引申，有着重要的学科价值。

至于人类对客观事物的认识是一个逐步接近真理的漫长

过程，不同时代不同社会的人认知深度会不一致，这在词义引申方面当会有所反映，但是只要言语者共同认可而约定俗成，就无可厚非了。钱氏陈述引申的缘由，明词义引申的客观性与主观认知内发性的统一及其对发展性的展望，益以新知，言近旨远。

钱氏还指出："今文《尚书》中词义引申方式情况比较单一，绝大多数都是链条式引申，较少辐射式引申，两种方式结合的复杂情况更是罕见。"这类单向引申和多向引申与社会发展的客观因素和人群认知思维的主观因素相联系，随着社会的发展认知思维的发达，词义引申的繁化不言而喻。词义引申的延展性提供了回眸历史远瞻未来语言发展的时空有序性，语言职能的高效发挥前途无限。钱氏散点观察和焦点生发，源流并析，以点带面，启迪多方。

3. 同源词的启示与词汇体系的认知

学术界同源词的研究处在创始阶段，词汇体系的确认还是个有待取得共识的全域性的课题。二者看起来情况似不复杂，谈起来却不是三言两语所能解说清楚的。

对今文《尚书》同源词的研究很有积极意义。钱氏统计该书 109 组同源词的同时，指出"汉语是一种有理据的语言"，批评了"有些外国学者认为汉语是最缺乏理据的语言"的谬论，义正词严。汉语词汇的理据不仅表现在同源词上，复合词组合理据尤为明显，这在《汉语理据词典》已作充分反映，与本文无涉，本文不谈。仅就同源词而言，它的理据关系表现在词的音义关系上，其理至明。王力通过对同源字(词)的研究得到这样的认识："从前，我们认为，在语言三要素中，语音、语法都有很强的系统性，唯有词汇是一盘散沙。现在通过同源字的研究，我们知道，许多词都是互相联系的。”(《同源字论》)词的互相联系有理可循。有理可循是词的音义关系的回授性经过约定俗成的结果，这种结果的聚合就形成词汇的体系性的组成因素之一。

词的同源类聚是词汇体系的重要侧面，而不是词汇体系形成的全部，但离开同源词说不上体系。在词汇体系问题的认识上，学界较少着眼于同源词的探源析流。即便是资深的语言学界前辈，认识也是相当模糊的。他说“‘词汇’不过是把‘物质’和‘能量’供给语言这一有序结构的东西而已，本身说不上‘体系’。”无独有偶，美国乔姆斯基的学说出现以后，不少人认为语言的内部结构层次是：语义←语法→语音。理由是语言符号由声音和意义两部分组成，各个单位通过语法组织起来。相应地，语言学的三个组成部分便是语义学、句法学、音系学；词汇学被看成语义学的一支，为词汇语义学。由此推断，便也无所谓词汇的独立体系了，确实只不过是“物质”的有“能量”的东西用以供给语言这一有序结构而已。王力的《同源字典》出，为词汇体系的立论提供了坚实的论据，今文《尚书》同源词的分析梳理，也正为词汇的体系性提供了佐证。

4. 成语音律节奏的效用

今文《尚书》词汇研究对《尚书》成语也作了统计，并作自身构造的分析，其间指出成语音律节奏近似四言诗，平仄相间，节奏鲜明。一般谈成语的，不大涉及其音律节奏内容，本书所谈，尤显新意。

前人对语音的运用，很早表现在双声、叠韵的构词上，因为它们具有听觉上的美感，听起来和谐悦耳。这也就是说，双声、叠韵由于音节中某个构成要素（声母或韵母）有规律地重复出现，因而听起来具有音乐美感。这常常反映在成语上，如“匹夫匹妇”，声韵隔了一定时段之后重复出现，造成音素的回旋，因而具有音乐美感；又如“兼弱攻昧”，“兼”古亦属“见”系声母，与“攻”声母隔了一定时段之后重复出现，也造成音素的回旋，因而具有音乐美感；再如“彰善瘅恶”的“彰善”叠韵，“瘅”韵同前者，都分别隔了一定时段之后重复出现，形成音响的回旋美。钱著特地例析“平仄相对、平仄相替”，言简意赅。平仄之称述起于中古，延于后世，《尚书》时代未出是名，却具平仄之实，用后来的称述鉴赏当时成语平仄相对相替的使用，亦有良效，因语词的平仄是古今汉语贯通的。

（四）重视学科方法论的驾驭

今文《尚书》词汇研究有“词义研究的传统方法述论”专章，分列“因声求义”、“据形索义”、“正形寻义”、“依形绎义”、“语法定义”，这些基本上是传统训诂学方法的施用。王力认为“训诂学要向词汇学方面发展”（《训诂通讯》4 期），借用训诂学研究的方法研究词义（训诂的核心是词义），当是可行的。除此，钱氏在哲学方法论（它与世界观是一致的）指导下，应用长期以来人们惯用的思维过程中的方法论（如归纳、演绎、分析、综合、具体、抽象、类比等），还运用了思维工具方法论（如系统论、控制论、资讯理论和数学方法论等）。语言研究重在归纳和演绎，归纳是最基本的思维方法，如“音近义通”是从语言实际中由个别到一般归纳出来的一条规则，人们又用演绎法把这条规则运用于训释实践，但经过检验，“音近义通”毕竟只反映了局部语言事实，还不能成为一条普遍规则，因而钱氏只能认为“音近义通”有其可能性，并无必然性，“因声求义”、“据形索义”、“正形寻义”、“依文绎义”等同样具有局限性，于是本书运用思维工具方法论济思维方法之穷。比如，把语言作为一个系统（有系统就有控制）来研究。全社会所用的语言是全息系统，它演化了多层次的子系统，《尚书》的信源就属全息系统的子系统，《尚书》信源的分析研究中还运用了数学方法论，从具体统计中，力求结论的正确性。本书重视科学方法论的驾驭十分可贵。方法论“是一个根本性的问题，不管搜集了多少材料，如果方法不对头，那些材料都毫无意义……虽多亦奚以为！”季羡林名著《印度语言研究》中说的这番话，语重心长。

（五）谱写了古汉语词汇学和汉语词汇发展史的新篇章

汉语词汇学正在产生和发展中。

罗常培在给周祖谟《方言校笺通检》一书写的序言中说：“在语言学的三大部门里，从中国古代语言学发展历史看，词汇学创始最早，可是后来没能发扬光大。”《尚书》语词研究历来着眼于训诂学的说解，本书则从词汇学角度进行探究，体现“断代分区的概念”，“在意义方面作抽象、体系的研究”（邢公畹），相当具体地探究了单音名词、动词的词义特点及词义引申的内动力；进而叙述形容词的语义分析、结构特征及其发展演变；同源词的音义关系及形成机制；成语的结构类型、音律节奏和演变规律；词义研究的传统方法等诸多方面，集中到一点，谱写了古汉语词汇学和词汇发展史的新篇章，既为汉语词汇学宏构添砖加瓦，也有利于汉语词汇学宏构奠基，有重大历史意义和现实价值。

总的来说，钱宗武教授长于历史文献和训诂词汇之学，立足于古汉语词汇学前沿，驰骋于《尚书》学领域，驭以科学发展观和方法论，全域透析，旁搜远绍，严密考察，开掘创新，由博返约，成《今文〈尚书〉词汇研究》力作；其突破性的发现发明填补了以今文《尚书》词汇为核心的古汉语词汇和汉语词汇发展史研究的许多空白，开辟了汉语词汇学研究的领地，开创了汉语词汇学研究又一新局面，难能可贵。当然，章太炎的老师俞樾切身体会到"著书之家，千虑必有一失"(《春在堂随笔》)，斯言谅矣。任何学术都有补苴发展余地，包括古今诸大家治学在内，都无例外。这是学术发展的必然，无庸细述。

三、杨树达《词诠》与何乐士《古代汉语虚词词典》论略(示例)

杨树达先生的《词诠》，1928年由商务印书馆出版。何乐士先生的《古代汉语虚词词典》，2006年由语文出版社出版。这两部书在汉语虚词研究方面均取得了重要成就，以下略做探讨。

(一)杨树达《词诠》

清代乾嘉学者汉学师承，承前启后：江永推崇顾炎武，戴震师事江永，"尽传其学"，世称"江戴"与"戴学"。戴震弟子段玉裁、王念孙诸儒，世称"段王"。王念孙、王引之是父子关系，学术上并称"二王"。他们学术上递相承受，影响深广。王国维评"乾嘉之学精"，梁启超径称汉学为"清学"。道咸以来，俞樾"为学无常师"，治经以高邮王氏为宗。著《古书疑义举例》，刘师培“叹为绝作”，谓“发千古未有之奇”；马叙伦称“发蒙百代，梯梁来学，固悬之日月而不刊者也”。其所涉虚词之释，如卷四第五十一类例中“之”字之析，“援引详明，条理精密，昭然发千古之蒙”。章太炎师事俞樾，黄侃师事章太炎，世称“章黄”，学有专攻，为世所重。有清三百年来，学界群峰林立，以戴震为代表之皖派汉学鸿儒肩负重大历史使命，人所共仰。

东学西渐与西学东渐在相当程度上是汉学研究发展的加速剂。东西交合开始得很早。这要远溯明末清初利玛窦、戴震开其端绪。西人为了认识中国，传播教义，甚至怀着侵略的目的，总要先学习汉语。意大利人利玛窦 1583 年（明万历十一年）到中国，探索汉语规律，“西人之中国研究，自此始”（莫东寅《汉学发达史》60 页，上海书店 1987 年）。利玛窦不仅研究汉语特点，又以精通天文历纂与徐光启、李之藻译书介绍泰西学术，由东学西渐而敲开了西学东渐之大门。乾嘉学派先导江永、戴震学习天文学正是肇自明末的译作。“一个人养成科学脑筋，一理通，百理融，研究起小学来，也就比前人高一等。”（王力）自然科学及其方法不仅为戴学提供了科学理路，也为乾嘉名儒及其后者翻开了绚丽的篇章。所以王国维又尝言道咸以来之学新。既精又新，这是学术史的发展，时代的呼唤。

近世杨树达初治经书。留学日本时，参考日语和英语语法著《中国语法纲要》（1928）。后又成《高等国文法》，继而加以改编，另成《词诠》一书，“首创其词类，次明其义训，终举例以明之”（《词诠·自序》）。正如王力所说，古代汉语“虚词可以作为词汇的问题来解决”，创词类、明义训，熔语法词汇于一

炉,收借鉴发展之良效(借鉴也是为了发展)。综览《词诠》,胜义叠出,特色良多,兹列要阐发如下:

其一,认识论纳入科学轨道。

认识论是一种学说,又与实践分不开,可分成唯心主义认识论和唯物主义认识论。杨树达撰《词诠》,认识论纳入唯物的科学轨道。

“在汉民族文化传统的许多领域中,人们广泛运用一种朴素的辨证观点。客观事物被认为是包含着两种对立因素的统一体。这两种因素被概括为‘虚’和‘实’两个范畴。”(《中国大百科全书·语言文字卷》66页)在对语言现象的认识方面,“虚”、“实”观念之确立,由来已久,诚如《经传释词·自序》所说:“肇于《尔雅》”,沿于后世。杨树达认同这一观念而作《词诠》,言不妄发。这是首先应该提到的。否则,便无正确思路,何言虚、实之分,更何谈虚词起“血脉关键之作用”。

其二,廓清陈说,明确界划。

古人区分虚字、实字少从其功用上分析,多从意义上解释,偏于主观印象之描写,缺乏明确标准的认定,称述随意性大。古人通常用“词(辞)、语词(辞)”表示虚词,而何谓“虚”,没有确解,更谈不上逻辑定义。赵岐《孟子章句》:“曰,辞也。”用“辞”指动词“曰”。毛亨《诗诂训传》:“无,亦语词也。”用“语词”指用为动词之否定词。朱熹《论语集注》:“斯,语辞也。”用“语辞”指代词“斯”。五代徐锴欲明界划,说:“词者,语之助也”,“语之余也”。宋代出现“实字”、“虚字”之说,亦缺乏语法的理论支柱和科学的逻辑方法,终难取效。元代卢以纬《助语辞》拘牵于往常语感,又杂入凝固结构(有人概视为复合虚词,不尽然)，而叙述过简，且无依傍，难入正轨。清代有袁仁林《虚字说》出，力求逐加说解，明其所以，然若干处仍不免模糊一片，无从依循。他说："呜呼、噫嘻之类，非言也，注为辞，言此乃写声之文辞也。"先用"辞"释虚词，又用"文辞"释"辞"，而又"辞"与"言"对举，令人觉得"言"似就实词而说。读者如何从中确解呢？我们知道，术语标志着某种现象已被从本质上概括体现出来，也标志着许多与之近似现象已被区分出去，"辞、语词、文辞"显然不属于内涵和外延确定之术语，科学抽象思维势难进行，误解势必难免。杨树达于元代卢以纬《助语词》、清代刘淇《助字辨略》、王引之《经传释词》、吴昌莹《经词衍释》、袁仁林《虚字说》之后，撷采精英，集虚词研究之大成，立说界定，成超前之力作《词诠》，自是应该首肯。

其三，材料丰富，首屈一指。

资料丰富全面而又真实可靠，才能形成正确的概念、判断和推理。充分占有材料的实质是尊重语言事实，尊重事实则有利防止臆测。充分占有材料是江、戴、段、王治学最大特征。《词诠》"从高邮王氏父子那里继承了很多东西"(王力)，"搜罗的例句很丰富"(吕叔湘)，诚然如此。王引之《经传释词》着眼于经传之虚词，刘淇《助字辨略》博采宋元以前经、传、子、史及俗语中之虚词，杨树达《词诠》总其所长，汲其精华，舍其所短，增益补苴之，为历来收词条最多之虚词书。全书正式引例更为历来虚词书作引例远不能及。视现当代诸虚词书，举例之详赡，也无出其右。

其四，辨析词性，自成体系。

杨氏《高等国文法》和《词诠》是姊妹篇。后来自打破《国等国文法》语法体系，加以改编。《词诠》较之以前所有讲虚词的书最大不同之处是确立科学的语法观念，广参众说，自成体系。即便俞樾《古书疑义举例》有倒句、倒序、倒文、变文、实字活用、语词复用、句中用虚词等诸立目，较前人深有新意，但基本上还是对语法现象的直观描写而已；又杨氏续补《古书疑义举例》省句例、倒句例、两词分承上文例以及之、其、于、者、自、所等用例而探究之，亦非皆宏观透视，把语言看作统一整体（其中各个对象互相联系、互相制约），这统一整体在空间结构和时间结构上存在有序性，布局与发展有其规律性。单凭直观，只能把握个别而难以把握一般，只能把握现象而难以把握本质。要切实认识说解古书种种疑义，尚需对客体的直观进行抽象的理性思维，并进而使客观的具体经过科学抽象实现主观认识的具体。杨氏循此而求，从自觉或不甚自觉的认知，撰写《词诠》，自可高屋建瓴。正如杨伯峻所强调："《词诠》较之以前所有讲虚词的书有三大特点：①这本书是拉丁语法输入中国之后，即马建忠所著《马氏文通》流行以后所著书，每个虚词的每一解释都能定其词性；这是学术随时代进步而进步的表现。②这本书总结了刘淇、王引之以及孙经世、马建忠、童斐诸人的著述，采其所长，弃其所不确，等于对过去讲虚词的书作了总结。③杨氏本人博览先秦两汉以至六朝的书，兼好文法之学，于虚词心得尤多。"（《中国大百科全书·语言文字卷》41—42 页）"不但词性明确，而且论证坚强。"（同上 443 页）由此可见，杨氏《词诠》辨析词性，自成体系，其来有自，非常人所能虑及。

《词诠》取古书中常用的介词、连词、助词、叹词及一部分代词、动词、副词的用法加以说解，同时兼及不太常用的或特例也加提示。尤其助词的提出，最寓创意。一个虚词常有多种用法，皆一一条列。比如“而”这个词条下，则列出副词、等立连词、承接连词、转接连词、陪从连词、假设连词、比较连词、语末连词。且同是陪从连词，又分列四项，同是语末助词，也分列两项，观察入微，体系严密。

其五，诸要素照应，相辅相成。

语言三要素是语音、词汇、语法。语音是语言的物质外壳，是思维的外在形式，同意义紧密结合着。词汇是一种语言里所有的词和固定词组的总汇，是构成语言的建筑材料，自成系统。语法是语言结构规则，包括语法和句法，是思维抽象化的成果。虚词同实词对称，与句子的语法结构密切相关。汉语是孤立语（词根语），词同词的语法关系依靠词序和虚词表示。虚词在汉语三要素中相互影响和制约，举足轻重。《词诠》中汉语诸要素相照应，起相辅相成之效。

前面提到王力认为古汉语“虚词可以作为词汇的问题来解决”，《词诠》早已先此付诸实践：

> “方”条（一）：《说文》云：方，并船也。引申为并义。
>
> “故”条（五）：王引之云：“本然之词。”按此义乃“旧”之引申义。
>
> “故”条（九）：因果相承时用之。与今语“所以”同。故此用法乃由第二条“缘故”之义引申而来。
>
> “径”条（一）：《说文》云：径，步道也。按《论语》：行不由径。径为小道，故直捷，故引申为直捷之义。
>
> “坐”条（一）：本“坐立”之坐，引申为“安坐”之义。

《词诠》之前，杨氏所著《高等国文法》就注意语音类聚性在虚词中的反映，列举了16个否定词：莫、木、蔑、靡、曼、罔、无、毋、亡、勿、未（属明母字）、不、弗、否、非、匪（属帮母字），证以凡否定词皆唇音字。这是就语言与语法（虚字）相联系而言。这一语法观念施之于虚词研究，亦有利于辨识词性，否定词的指认（凡是否定词都是唇音字），只是一个实例而已。《词诠》中散见的例说甚多：

“不”条（一）：不非古音同母，故可通用。

“方”条（二）：方与旁古音同。

“第”条（一）：但也，第但“一声之转”（笔者按，“一声之转”说法之是非，常在讨论中，兹暂且不涉及，今仍依《词诠》当时提法。）

“能”条（七）：王念孙云：“能”字古读若“耐”，声与“乃”相近，故义亦同（笔者按：乾嘉学者常音义互求，此即其一例。《词诠》择善而从）。

“来”条（一）：宾语倒置时用之。与“是”字第五条用法同。

“者”条（二）：“他小渠披山通道者”，犹言“他披山道之小渠”。原文“小渠”先置，则形容语之“披山通道”无所附丽，故非复牒一“者”字不可也（笔者按：他，其他。为了强调定语，有时把定语移到中心词后面，其表现方法是在移后的定语末尾加上“者”煞尾。杨氏已觉察这一句法，只是未明确提示“者”之功能）。

《词诠》每个词条下又逐一区分小项，词类、词性皆语法因素之阐明，毋庸另多分析，略示数例便可隅反。其语言三要素交融可见一斑。

其六，选精存真，正误别异。

杨氏认同他书可取之释，径加选用，存其真谛：

"蹇"条(一)：王逸注云：蹇，辞也。

"窃"条(二)：刘淇云：窃，谦词。不敢径直以为如何，故云窃也。

"不"条(一)"苟非至德"下：《正义》云：不，非也。言苟非至德也。

"夫"条(二)：《郑注》云："夫夫"犹言"此丈夫也"。

"通"条(二)：李贤注云：通，犹共也。

杨氏不认同他书之解，或辨其异，或正其误，直抒己见，不泥成说，亦不为名家讳。

"得"条(二)：王念孙不知"得"字一字为一句，因校改此文为"觉而得"，非也。说详余著《汉书补注补正》。

"方"条(二)："方"与"旁"古同音。"旁"《说文》训"溥"，今言"普"，正普遍之义也。(示音义互证)

"乃"条(三)："子无乃称"，王引之云：此犹云："子无称是言。"又引刘淇云：此"乃"字合训如此，言无为如此称说也。意为二说刘氏较长。

"之"条(八)：《马氏文通》以下文法诸书均谓此"之"字为介词，今定为连词。说详拙著《论之的二字之词性》。

"正"条(七)：解"正尔"下：尔，此也。谓纵此亦不能得也。刘淇谓"正尔"犹"正唯"，非。

"若"条(七)：用与"其"同。王引之云：若，其也。嗣其功者，嗣二国之功也。某氏传训若为顺，非也。

其七，兼出特例，细考书证。

任何事物都存在一般与特殊现象，虚词也无例外。《词诠》在阐述一般词例的同时，也兼出特例：

“他”条（一）：“还他马，赦汝罪。”杨氏加按语：此例似以“他”字作人称代名词“彼”字用，与今口语同。以他书罕见，故附记于此（笔者按：古代汉语缺第三人称代词“他”，“他”不作第三人称代词使用。正因为如此，古代汉语主语省略较现代汉语更为突出。杨氏说古代“他”第三人称代词“他书罕见”，乃为确证。由此也可见杨氏博学卓识）。

“若”条（三）：择也。此义，经籍用之者甚鲜，此其仅见者（笔者按：确仅见于《晋语》二，段玉裁有注）。

书证为立论之支柱，出处有异或宜详，则大小不捐而并出之。

“且”条（九）：若也。“且静郭君听辨而为之也，必无今日之患也。”（《吕氏春秋·知士》）按《齐策》“且”作“若”。

“肆”条（一）：遂也。《史记·五帝纪》“肆”皆作“遂”（笔者按“肆”用法多，用作“遂”最常见，故证《史记》皆作遂）。

“猥”条（二）：王念孙云：猥犹猝也。《广雅·释言》云：猥，顿也。顿亦猝也。《月令》：“寒气总至。”《郑注》：总犹猥卒也。卒与猝同。

本条“猥”综引王念孙、《广雅》、《郑注》三家书证，既见书证之坚实，亦见杨氏持论之严谨。

其八，浅易说解，益于施用。

知与能都与实践分不开。虚词合理解释认知和自觉运用，历来学者都感到并非易事。明代李东阳说“用实字易，用虚字难(《麓堂诗钞》)”；清代阮元说：“实字易训，虚词难释。”(《经传释词·阮序》)此皆经验之谈。杨氏有鉴于法。力求使解惑内容简易出之，利于运用。

“必”条(一)：此例为外动词用法，可以今语“保证”意译之。

“毕”条(一)：内外动两用。终了。今言“完了”。此作内动词用。“不多具牛酒，即不能毕会”，按此例作外动词用(笔者按：内动词亦称自动词，不及物动词；外动词亦称他动词，及物动词。吕叔湘以为汉语与其说有内外动词之分，不如说有内外动词用法，杨氏未必有共识，特直言备参)。

“耳”(一)：“耳”为仅可而未足之词(笔者按，“仅可而未足”语简意明，实乃点睛之笔。若以“耳”作用法之比较，更可深会之。“五十余耳，而已衰”，此对“五十余”看得轻，有往小的方面说的语气；“五十余矣，轻健若少年”，此对“五十余”看得重，有往大的方面说的证据。《词诠》言约义丰，仅此可洞见)。

“翅”条(一)：刘淇云：啻，仅也，止也，第也，但也。树达按“啻”多与“不”、“奚”连用。《一切经音义》卷三引《仓颉篇》云：“不啻，多地。”按“不但”、“不仅”，正为多字之义。

“在”条(五)：于也。鱼在在藻，依于其蒲(《诗·小雅·鱼藻》)。此例第一"在"字为关系内动词,第二"在"字为介词。"鱼在在藻",犹言"鱼在于藻"也。观此知古人用字之精密。

"以"条(四)此也。《尔雅·释诂》"已"训为"此","以"、"已"古字同,故"以"可训"此"(笔者按:涉及古代异字同训,指示同类现象的认识运用)。

上述对《词诠》学术渊源及内容作评介外,大部分分条例析内发《词诠》之特色。《词诠》是部虚词力作,历经半个多世纪的逻辑与实践检验,已经得到证明。但是随着学科的发展,应该有新的起点,更上一层楼。

首先,应增强历史发展观点,破除顶峰思想。《词诠·序例》说:"首别其词类,次说明其义训,终举例以明之。"别的暂且不说,杨氏义训方面的认识,便还有一些不足之处。比如,杨氏说:"训诂之学,自《尔雅》、《说文》以下,更清儒之疏通证明,美矣,备矣,蔑以加矣。"这与事实不符。俞樾《古书疑义举例》多处指出乾嘉诸老之误;杨氏自著《词诠》也多处指出王氏等之误,有所质疑,这该如何解释呢?前修未密,后出转精,这是事物发展的必然,语言学科的发展也无例外。凡是停滞的观点,顶峰的观点,都将影响后学的进取。廓清并无科学根据的思想认识,排除各种糊涂观念的干扰,自必增强虚词研究工作的有效性。

其次,要增强学科相互交错浸透意识,扣紧核心而兼及边缘。学科的发展是人类对客观规律认识的不断深化的过程,这突出地表现在历史上多次出现的理论大综合上。"治经莫重于得义,得义莫切于得音",形音义三者互求,这是段王的宣言，也是“训诂学上的革命”（王力），是一次学科理论的大综合。《马氏文通》是我国第一部系统的汉语语法著作，其理论综合奠定了汉语语法研究的基础。尽管“间有以拉丁语法强解汉语之处”，毕竟“标志着中国文法研究进入一个新阶段”。这一学科发展体现理论综合是有目共睹的。

《词诠》的问世，也是古汉语虚词研究的理论综合。“清初至光绪年间的虚词专著不下二十种”（转引孙良明关于郑奠的书目统计），有代表性的是袁仁林《虚字说》、刘淇《助字辨略》、王引之《经传释词》三种。袁书是第一部用“虚字”命名的虚字（词）专著，但叙述常有不清晰地方。刘氏、王氏也有局限，但颇有可观者，此二书最具代表性。《词诠》集历来虚字研究之大成，正是虚词研究的理论综合，也是学科高度分化，又互相渗透；既高度综合，又纵横交错在虚词研究中的历史投影。面临这一历史投影，要紧扣虚词核心，是可以如实展示的。《词诠》的核心，应是虚词的功能，与词法、句法、词汇、词义、古音、今音的照应，都应基于虚词功能的阐析，杨氏这些方面似显不得要领。《词诠》把“叵”列为复合词，释为不可的合声；又把“难”列为复合词，释为奈何的合声。复合词是词的结构组合问题，合声是字的内部组合问题，“叵”“难”都是单纯词，与复合词无涉。单词、复词界限不清，复合词和合声字也认识模糊，这样的说明，缺乏理论支柱。《词诠》相当多地方说词义引申问题，并着重生发。近500个“虚字”，至少三分之一是实词而非虚词。虚词的凝固结构虽有涉及，可是太少，虚词的凝固结构的句法功能十分重要，而人们往往知之不多，认识不够。诸如此类，是《词诠》之所短，也是理论视线的缺憾。

另外，在取材例说方面，也稍有瑕疵。“呜呼”用来表哀叹、伤痛之语助，也用来表赞叹、褒美之语助，还有哀叹、赞叹语气并不突出，几乎是中性的，这一常见词条许多虚词书都收进，唯独《词诠》未曾收入。“呜呼！汝病吾不知时，汝殁吾不知日”(韩愈《祭十二郎文》)；“呜呼！亦盛矣哉!”(张溥《五人墓碑记》)。前者表悲哀，后者表赞美，同一个“呜呼”出现两极现象，作为虚词书，不应不过问。类此复音词未收，《词诠》中不算少数。

同时也得着重指出，《词诠》问世 80 个年头，一版再版，流传广，影响大，十年前《词诠》校勘小组校正该书引例 900 多例，加上佐证旁证比勘引例，计 1000 余例，另有附录 260 例，失误甚多，盖杨氏“读书时随手采辑，亦间有展转迻录”，又凭往日习诵记忆取用所致。今有《词诠校议》(云南教育出版社 1998 年)在，不加复述。

(二)何乐士《古代汉语虚词词典》

现代学者何乐士对杨树达《词诠》等前辈学者著述的观点多有共识，兼收并蓄，益以己见，成《古代汉语虚词词典》，多寓新知，体现了继承与发展的特色，是继杨树达《词诠》后又一力作。兹述其要者：

其一，词量丰富，语料合辙。

何氏书辑录虚词数量相当可观，它不仅收单音虚词，还收入许多固定格式、惯用词组和复音虚词，为历来收词量最多之虚词书。王引之《经传释词》、刘淇《助字辨略》、杨树达《词诠》诸书罕见固定格式、惯用词组和复音虚词。《词诠》原为历来收词量最多之虚词书，何书增以固定格式、惯用词组和复音虚词,当代诸古汉语书收词量无出其右者。

何氏书"语料的依据,以先秦两汉古籍为重点,延及唐、宋、元、明、清,其中又以中学语文课本中的文言文及诗、词、赋选篇为主,兼顾广大读者熟悉的古籍名篇以及《大学语文》的部分篇目"("前言"),这是很切合实际和充分展示虚词的历史延展性的,语料无疑十分合辙。我们知道,古代汉语发展中形成两个支流:文言文与古白话。先秦汉初的书面语,大致和当时口语相一致,汉初以后,各时代文人的书面语仿照前人的词汇语法用法和行文格调,形成一种脱离当时口语的"特殊书面语"。这种"特殊书面语"被称为文言文.从汉末魏晋以后到"五四"前(权作这样划分),还有一种与口语基本一致的书面语古白话。由于真正和口语一致的书面语保存下来的不多,势必使文言文长期占统治地位,人们便拿文言文来统指古代汉语。后来的文人写文章,一面仿古,一面不由自主地或不知不觉地把当时口语包括虚词在内的某些成分用到他们所写的文章里去,使文言综合了各时代语言成分。越到后来,综合性越大。何氏书收词取料,是依循语言内部规律照顾现代读者需求的。《经传释词》限于经传之释,援引止于西汉文;《助字辨略》有所突破,下逮唐、宋、元,且诗词及俗语同"经传"、"史汉"一样对待。《词诠》在《经传释词》、《助字辨略》等基础上写成,何氏书则变而愈上,较之《词诠》间有不足尚难免。

语料丰富合辙而又真实可靠,才能形成正确的概念、判断和推理:充分占有材料的实质是尊重语言事实、防止臆测所必由,何氏书对此的重视和有效的实践,为书作成功之前提。

其二,系统完备、观点出新。

何氏书“尽力探讨虚词的系统性并努力追求对虚词作用和特点解释的合理性和科学性”（“前言”），这便是系统趋于完备，观点屡见出新的重要举措。

何氏书对历来虚词研究作了有效的理论综合。它“将虚词分为八大类，大类之下又分42个次类。各次类均依其语法特点及作用等给以命名。从科学发展日益走向严密准确和语法系统性特点来看，应该对虚词所有的再分类给以科学的命名，使之形成一个完整的体系。”（见书后所附《本书虚词的系统》）以此系统来统率全书，较之它书，所述相对具体完备。其命名，则是在“继承传统的基础上吸收个人和学术界多年研究成果，根据语法形式和意义相结合的原则进行”（同上）。何氏书从客观的具体语料进行科学的抽象达到主观认识的具体，并寓以本人见解，而后给虚词系统内的词类词性逐一命名，这是思维方法论的有效驾驭，非大家莫能为。

何氏书体现了“名正言顺”的虚词系统性，这是一个新创发。笔者多年前应张岱年之约为他主编的《戴震全书》（黄山书社，1994—1997年）写的“序言”中说：“现代科学技术发展中充当思维过程的理论工具之一的系统论，要求人们把客观世界看作统一整体（其中各个对象互相联系互相制约），这统一整体在空间结构和时间结构上存在有序性，布局与发展有其规律性。”语言是一个系统，有其体系，语言中的虚词是其子系统，同具严整体系。何氏书构拟了系统，直谓“给以科学的命名”，“使之形成一个完整的体系”，乃是“一次尝试”（同上），通览全书，这确是一个相当成功的多发前贤时隽所未发而赋予新知的“尝试”，并可望经过逻辑检验和实践检验而得到真理性的证明。

其三，全局透视、多方阐发。

历来认为“实字易训，虚字难释”（阮元《经传释词·序》），何氏出入经史，手披子集，探究古籍文言虚词，全力以词典形式作介绍，“对每一虚词都从所属词类、所含再分类；所含义项；在句中位置以及所扮演的句子成分、所在句式特点、与其它句子成分的搭配关系；可译词、举例等方面进行描写和说明”（“前言”）。在做此词典式的静态叙述的同时，又做了虚词不同语境、不同组合、演变发展的动态的多方面的阐述。比如“自……以来”“由……而来”“若……然”（在单句内运用）等；“不亦……乎”“与其……孰若……”（在单句或复句中虚词与其他语词搭配）等；“如之何”“奈何”（具凝固性、稳定性的惯用组合）等；“俄尔”“既而”（复音虚词意义或有所侧重或各有意义）以及类似的“独唯”“非唯”“或恐”“讵非”“庸遽”“妄其”“属适”“其诸”“藉第令”“其殆庶几”（亦可视为复音虚词）等便是这样。

复音虚词往往由惯用组合演变而成。何氏书指出：“虽然”的“虽”原表“虽然”，“然”表“如此”，“虽然”表“虽然如此”之意；而唐代以后，“虽然”演变为复音虚词，意义相当于单用的“虽”。——此“虽”和现代的“虽然”，从功能上着眼，都表示让步关系。现代的“虽然”又和“尽管”有相似之处，却应严加区别：“虽然”承认事实而不撇开，如说“虽然天下雨（认定下雨事实而不撇开），我也去”；“尽管”假定事态而又撇开，如说“尽管天下雨（假定下雨事态而又撇开），我也去”。古代汉语没有“尽管”，现代汉语“尽管”常用，用现代说法则易辨。由此再类比古代汉语:“齐国虽褊小,吾何爱一牛?”“纵江东父兄怜而王我,我何面目见之?”前者“虽”何氏书指明“让步连词”,后者“纵(即使)”何氏书在指明“让步连词”之后,接着说“在让步之中含有假设”,表示“姑且承认”,它具体结合语用,观察入微,细加阐发。其他如“因为”“然而”之类,也由惯用组合演变而成,何氏书亦皆全局透视,多方阐发。

其四,继承精华,详人所略。

语言信息系统,产生多层次的子系统演化。虚词子系统在语言系统中举足轻重,而人们对它的理解与说明往往精疏不一,正误待辨,有碍信息正确传递与接收。姑且不说别的,自先秦至清代,对虚词的命名的随意性便很大,这在语言信息系统中就起了消极作用。分析虚词的最早资料是《墨子》:“自前曰且,自后曰已,方然亦且,若名者也。”分析了虚词“且”和“已”,并指出它和“名”(实词)有同等价值,实难能可贵,只是尚未给虚词命名而已。汉代赵岐注书遇到虚词,称“辞也”,毛亨称“语词也”,这在虚、实观念的前提下对单个的虚词的说解,意味着认识有了发展。南北朝时期又进展到对虚词进行分类说明,如《文心雕龙》按位置把虚词分成“发端”(夫、惟、盖、故)、“劄句”(之、而、于、以)、“送末”(乎、哉、矣、也)三类。唐代柳宗元《复杜温夫书》称虚词为助字,并按用途分为“疑词”(乎、欤、那、哉、夫),“决词”(矣、尔、焉、也)两类。到了宋代,有人才又明确提出“虚字”“实字”术语。元代卢以纬《语助》、清代袁仁林《虚字说》则进而对虚词作了一些研究,不无可取,但也有言不中要之处。杨树达《词诠》始创给虚词分类命名,何乐士《古代汉语虚词词典》继在《词诠》基础上而成虚词宏构，可谓做出了重要贡献。

何氏书继承精华的更重要方面是去芜存精。人们对虚词较多作直观的描写，没有进行科学的抽象，今人有本《玉篇校释》列“之”用法78种，何氏书经过归纳筛选，多方说理，全面调整，精要出之，别有洞天。此外，提示注意事项，兼出固定格式、惯用词组，叙述详略得当。略人之所详易，详人之所略难。学界略人之所详者有之，然详人之所略者尚见之不甚多，何氏书则多详人所略，且补益以精华，着实难得。

其五，示例典范，说解严密。

何氏书参考现有的学术成果，“对几十个最常见而用法较复杂的常用虚词”，会参“学人和个人多年的研究心得，作了比较深入全面的介绍”，典范示例。这就是“之、其、所、者、于、然、为、以、与、及、诸、焉、则、然、而、且、如、若、何、孰、不、弗、夫、盖、或、独、唯、凡、有、无、是、斯、相、许、也、矣”等。这无疑是示例典范的一个重要侧面。还有固定格式、惯用词组、复音词组融入单词介绍和说解之中，让人知其一而晓其余，且又无因分列而割裂之感，让人起知此而及彼之良效。比如“非”条下首先列各种例说，继列固定格式16项、惯用词组7项、复音虚词及“附”等；“宁”条先列各种例说，在固定格式“宁……不……”“宁……无……”“宁……安能……”“能……岂……”共14项中又逐一指明“已在某某词内介绍”，前后照应，既省笔墨，而显约而不漏。特别是书中别增了“注意”部分，对其所涉及相关内容作必要的提示，也不失为严密举措。比如“把”条下的“注意”中提出处置句式需特加注意的有两点；“顾”条下“注意”中提出如何区别关联副词“顾”与转折连词“顾”；

“焉”条下“注意”中提出“焉”作一般人称代词和作介代兼词的区别，兼词“焉”用在动词前作状语与疑问副词“焉”用在动词前作状语的区别。这类“注意”的下面，都写了数十字乃至数百字的叙述，几乎都是短小精悍的片段论辨文字。这些文字，非一般随意性的偶而为之，而是从实践中来到实践中去的心得凝聚，探究之深则创发乃著。何氏书之创发用意，笔者深为赞赏，亦颇有同感和深会。

笔者主编《汉字古今义合解字典》(上海教育出版社，2002年)，在字的释义后面酌加有关的“说明”(正有如何氏书的“注意”，为一般辞书所不具)，间补《说文》之未备，并提示相关的资料，以利全面深入参会。比如“自”字，《说文》说是“鼻也”，像鼻形。这从字形(𦣹)看是可靠的，可是在全部的古书里找不出当鼻子讲的“自”字的书证来，于是在“说明”中如实指出并说明甲骨卜辞中有“疾自”的说法，意思是鼻子有点小毛病(按大病称病，小病称疾)，为“自”的本义提供了实例，补《说文》及传世文献之不足。这样的“说明”是非有不可的。这样编纂的《字典》与一般辞书不同的另一特点是每个字目下，先引《说文》有关内容，因为“小学”历来为经学附庸，《说文》字义的解释基本上和经书词义的解释相一致，传世古籍的词义一般又和《说文》字义的解释相一致，《说文》未见本始义，就得加“说明”。今视何氏书之“注意”，及其荐引诸端，也正为求说解严密科学之一助耳。

其六，重视普及，兼及提高。

“普及”是何氏书作的基本出发点。何氏深有感触地认为“写普及的书时，往往更能发现研究中的薄弱环节，这些地方，往往也正是我们今后应努力钻研之处。”(“后记”这正表明重视普及和兼及提高的联系与需求。“前言”就曾开门见山地说:“全部例句除极少数不需译文外,都有现代汉语译文,并对个别难懂的词语做了简要注释,对一些难读难认的字附了汉语拼音。”这样,行文中“佯北勿从”(《孙子兵法·军争》)便语译为“敌人假装败退,不要追赶”,先把实词“佯、北”意义解释明白,“从”的“追赶”意义也就显而易见,它区别于“太守归而宾客从也”的“跟从”意义也更加明朗。“腓(féi)大于股,难以趣走”(《韩非子·扬权》)语译为“腿肚子比大腿粗,就很难急速地跑”,且在语译的同时,还给“腓”字注音。笔者认为,最好“趣”(qū)也注音,以别于“趣”(qù)。

从普及角度说,语译与注音相当重要。有许多讲语法的书对结构分析很充分,但语译方面却捉襟见肘,甚至不译。比如“汉之为汉几四十年矣”或析“汉之为汉”为主语,“几四十年矣”为谓语,或析“汉之为汉”与“几四十年矣”为两个分句的组合(复句),可是“汉之为汉”究竟是什么意思呢?不作语译,自是不妥。何氏书能致力于语译,既表明重视普及,也表明作者的功底。这也正如作者所说的“‘普及’绝不是‘低级’”的真谛。汉字的读音十分复杂,有些讲语法的书该注音而没有注音,那不是不必注音,而可能是作者不会全加注音。既不语译,又不注音,“普及”何来。

何氏着眼于普及的同时,放眼于提高。行文中往往寓探究文义导人全面思考。比如讲到“而”在“主”、“谓”之间表转折与表假设的区别时这样写道:表转折的“主而谓”如“朋而不心,(面朋也。)”“而”前后两项如“朋”与“不心”原本就有转折之意，"而"只是配合文义表示加强转折。表假设的"主而谓"如"子产而死，(谁其嗣之?)"，"而"前后两项无转折之意，它配合上下文表示假设，若把"而"解为"却"，就与上下文义不符。表转折的"而"若解为"如果"，虽然也可讲通上下文，但意义不够确切，有些例句则无法讲通。凡此，何氏皆结合文义阐析"而"功用，否则语法功用就讲不清楚。上述这些的确值得思考。记得吕叔湘说过"则"是方的，"而"是圆的，笔者经过读写实践，颇有同样的语感，更觉得有进一步作理性探究之必要。

其七，指导习用，启示隅反。

明代李东阳说过"用实字易，用虚字难"(《麓堂诗钞》)的话，这话不假。况且虚词的作用不以它自身为限。吕叔湘、朱德熙引《助字辨略》的话说："一字之失，一句为之蹉跎；一句之误，通篇为之梗塞。"(《语法修辞讲话·虚字》)对虚词的运用影响到的自然并不是单个词的意义和功用问题。前面说过，何氏书特设"注意"栏目，"主要用来对某些虚词比较重要的语法格式和意义进行辨析，对该虚词与其它虚词的用法进行比较；或对较复杂的语法问题进行解说"("前言")。这一指导思想施之于全书的撰写，便甚有利于读者的研习。向来"知"和"能"都与实践分不开，研习虚词归根到底是为了应用，即指导对古文献的阅读理解以及日常的应用。在这方面，何氏书力求起举一反三之效。这在全书随处可见，仅举一例以明之：引《孙子兵法·军争》"以佚待劳"的用例后，接着说"后有成语'以佚(逸)待劳'，指作战时暂避敌锋，养精蓄锐，等待敌人的疲劳困顿，以便相机出击"。成语的来源是多渠道的，内容是多方面的，“以逸待劳”原是《孙子兵法·军争》的重要观点之一，用它为成语，并由“军争”生发出普遍意义，日常生活中常说“有劳有逸”、“劳逸结合”，这也都是一种辩证的认识。这是由理解并应用于语言实践方面而连类旁及。又，同书《孙子兵法·计篇》“佚以劳之”，前后可以会通，所异者唯方式方法不同而已。《孙子十一家注》李筌说：“敌佚而我劳之。”无论是“待劳”还是“劳之（使劳）”，不过是战略战术有异，始意无二致，不烦别解。

何氏书谈虚词“也”，一开头便抓着要害，指出：“主要用作判断语气词，还可作陈述、感叹、祈使、疑问语气词。在作其他语气词时，仍带有一定的判断意味。”一言中的。近世林纾（琴南）写了《“也”字用法》专论（见《春觉斋论文》），大有可望而不可即之意。其实，从用在判断句末表判断、解释和说明的功用考察，情况很显豁。《孙子兵法·行军》连用三十二个“也”，是为了做出十分肯定、明确的军事判断和说明，林纾的“不可知论”和“神秘观”实在不可取。何氏书解说“也”，当大有利于学用。

其八，提示史实，助人探胜。

有些语法书（包括拙著）尝言古代汉语缺乏第三人称代词作为主语，所以主语省略情况特别多。“缺乏”不是“没有”，何氏书举了数例，皆第三人称代词作主语：

①彼丈夫也，我亦丈夫也。（《孟子·滕文公上》）

②彼竭我盈，故克之。（《左传·庄公十年》）

③彼何为者？（《史记·留侯世家》）

以上“彼”都用作第三人称代词，这在相当程度上给人们提供了第三人称代词作主语的实证（“彼来者为谁？”“彼一时，此一时”的“彼”是指示代词作主语，与上述无涉），助人作新的探讨。不过笔者有三个疑点尚未得到真正的解惑：一是为什么古代缺乏第三人称代词作主语；二是“彼”作第三人称代词主语用例为什么少出现；三是主语省略情况特别多，是不是纯语言因素所致。“语言是思维外在的形式”，有学者认为西方思维重在分析，东方思维重在综合（类比汉语许多诗文的表达更有这一实况），以上疑点能否兼从思维特点上找到答案呢？（当然，概念有其普遍性，适用于各民族，语言则有民族性，这儿没有都把概念混同于语词的意思）王力高足说王先生曾想写一篇关于古人思想表达的文章，历时八年却终未能写成。思维是思想的过程，思想是思维的结果，如何阐发汉民族古人的思想表达难度果真不小。何氏书提示汉语史实，让人进一步探究若干相关问题，不无一助。

又有语法书认为主语和谓语间加“之”（主·之·谓）是上古汉语语法中一条重要规律；如果不加“之”，在当时是“不成话的”，如“秦兵之来”决不能说“秦兵来”（后世也有“主·之·谓”说法，那是仿效上古格式）。这类语例何氏书不少：

①郑之有原圃，犹秦之有具囿也。（《左传·僖公三十三年》）

②邻之厚，君之薄也。（《左传·僖公三十年》）

③皮之不存，毛将焉附？（《左传·僖公十四年》）

④我之不德，民将弃我，岂唯郑？（《左传·襄公九年》）

⑤子曰：“予之不仁也！”（《论语·阳货》）

这种格式产生于上古，什么时候开始消失（仿古用法除外）？

其中有个过渡阶段。这个过渡阶段像是战国末到汉代。而在这个过渡阶段中，主谓句间加“之”与不加“之”出现混用现象：

⑥此寡人之所欲知也。（《吕氏春秋·顺说》）——加“之”。

⑦此寡人所欲闻也。（《同上》）——不加“之”。

⑧天之忘我，我何渡为？（《史记·项羽本纪》）——加“之”。

⑨乃天亡我，何渡为？（《汉书·项籍传》）——不加“之”。

索绪尔提出共时语言学和历时语言学之说，这对语言研究是个大贡献，上述现象进行共时研究与历时研究相结合的探讨，当会更具透明度。何氏书大量提供史实（以上仅属举例），贵在能进一步导人深入揭示和窥视若干语言现象。

总之，何乐士《古代汉语虚词研究》是上乘力作。由于观点出新，资料丰富，体系完整，选例精当，应不同层次之需，使古汉语虚词研究推进了一大步。在众多汉语虚词研究成果中，何氏书信息量大，阐发功能多向，回答难题多，学术性、科学性、指导性、实用性兼而有之。此诚前修未密，后出转精之明证。

古汉语虚词作为词汇问题来探究，这是古汉语虚词自身特点决定了的。是书穷幽极微，发其深层意义，阐其语法功能，源流合叙，动态静态并析，皆相辅相成，相得益彰。

总体说来，任何学术都有补足余地。视杨氏书何氏书，也多有互补之处，这方面内容不多谈。读者于古汉语虚词的研习，共参何氏《古代汉语虚词词典》和杨氏《词诠》，自可收互补兼益之效。杨氏书是80年前古汉语虚词研究之里程碑;何氏书是杨氏《词诠》后之新创获,标志着古汉语虚词研究又一新起点。杨、何二书嘉惠学林,并显辉煌。

后 记

拙著《训诂学导论》(上海教育出版社,1987)、《训诂学教程》(北京大学出版社,2013)及编著《训诂学读本》(上海交通大学出版社,2010)问世以来,境内外读者反映尚好,认为突出历史观、指导性和实践性,对我鼓励良多。

回顾传统训诂学,重在崇经明经,毛郑以后"疏不破注",虚词功能未加点示,觉训诂学的新发展,任重道远。

商务印书馆为弘扬中华文化,普及语言学知识,出版"汉语知识丛书",拙著《训诂学》忝列其中。联想到吕叔湘先生说佛教传入对汉语汉字发展的影响、杨树达先生谓虚词要"明其义训"、王力先生议"训诂学要向词汇学方面发展",荀子更曾指出历世陈陈相因则"不免为陋儒"诸见,拙著增述汉译佛典研究、虚词诠释等内容,权请读者参阅,或可有助于开拓视野。

为求学术性与实用性兼有,拙著篇幅虽小,费力良多。为叙述方便,少量地方文字有所重复,读者谅之。商务印书馆尽可能为作者提供帮助:汉语图书中心副主任叶军编审、责任编辑金欣欣编审,还有众位学有专攻的领导、学者,大力支持与指点;出版中心有关领导和校对、设计等方面的同志严谨细致的工作,以及对我一改再改的校样的耐心修改,费神劳心至多;感感殊深,谨致谢忱!

学海无涯，功力有限，敬祈读者赐教为感。

许威汉
2014 年夏日
于上海师大寓所